レッスンごとに教科書の扱いを変える
TANABU Model とは

アウトプットの時間を生み出す高校英語授業

金谷 憲・編著、堤 孝・著

JN254702

はじめに

本書でご紹介する青森県立田名部高校が始めた授業モデル（TANABU Model）の取り組みは、授業で生徒に英語を使わせ、英語の定着を図るためのアイデアです。学校現場で編み出され、実践されている授業運営方法です。

英語教育に対しては、以前から同じような批判、スローガン、提案などが繰り返されています。その割には、高校の英語授業改革のペースはかなり遅いように思います。

原因の一つは、学校で無理なく使え、長く続けられる授業方法が確立されていないことです。先生方に膨大な時間と労力を強いるようなアイデアでは、実際には使えません。

TANABU Modelは、多くの先生方に無理なく、そして末永く使っていただけるような授業モデルです。ですから、全国の高校の先生方にぜひ試してみていただきたいのです。

英語教育改革は、幸せの青い鳥かもしれません。家の外に求めて見つからなかった青い鳥が、家に帰ったら、そこにいたのです。学校の授業ではらちが明かないとばかり、学校外に解決策を求めさまよって、学校の授業に戻ってきたら、解決策が授業の中にあった。そんな気がします。

TANABU Modelは、一羽の青い鳥だと思います。地に足の着いた、小さな幸せを求めたことによって、実は大きな幸せがもたらされる、そんな予感がこの取り組みの中にあります。本書をお読みになり、ご自分の授業の中に幸せの青い鳥を見つけていただきたいと思います。

2017年11月

金谷 憲

2

目　次

はじめに　　2

目次　　3

第1章　　英語基礎力定着へ向けて
　　　　　　―TANABU Model―　金谷 憲　　5

第2章　　TANABU Modelの誕生と成果　堤 孝　　17

第3章　　TANABU Modelの概要　堤 孝　　43

第4章　　TANABU Modelのカリキュラム　堤 孝　　55

第5章　　TANABU Modelの進め方　堤 孝　　67

第6章　　TANABU Modelの評価法　堤 孝　　143

第 **7** 章　　［座談会］田名部高校教員座談会
　　　　　　—Trial and Error の軌跡—　　171

第 **8** 章　　［寄稿］授業改善実践報告
　　　　　　—田名部だけじゃない"TANABU Model"—　　191

第 **9** 章　　まとめ　金谷 憲　205

参考文献　　213
執筆者紹介　　215

第**1**章

英語基礎力定着へ向けて
──TANABU Model──

Contents

TANABU Model　　6

基礎定着の重要性　　8

英語の基礎　　9

中学英語は身に付いているか　　11

高校英語授業の役割　　12

全てやったら時間が足りない　　14

持続可能な改革　　14

教科書を使った方法　　15

英語基礎力定着へ向けて ——TANABU Model——

金谷 憲

TANABU Model

　生徒に英語を使わせたい——。英語は言葉ですから、使わないと身に付きません。ところが、高校の英語授業では、なかなか生徒に英語を使わせる機会を作れないでいます。

　原因はいろいろありますが、主なものは二つです。

① 使わせる時間がない。

② 使わせる方法が確立されていない。

(その他に、「使わせる必要はない」、と教師が思っているというのもあるかもしれません。これは大問題なのですが、こちらの議論は、本書の目的ではないので、ここではこれ以上の深入りは止めておきます)。

　使わせる時間がない理由は、主には二つあります。

　一つ目は、教科書の英文理解に時間がかかりすぎることです。生徒がやっと理解したので、使わせようと思ったら時間切れになる。こんなことの連続で授業が進んでいきます。こうなるのは、教科書の英文が生徒にとって難しすぎるのが大きな原因です。

　二つ目は、全てのレッスンを同じ扱い方で、全てカバーしようとしていることにあります。「カバー」と言いましたが、主に先生が何でも全て解説しようとしていることで、生徒に英語を使わせる時間がなくなっているわけです。取捨選択の問題です。

　問題の解決にはいくつかの方法が考えられます。まず、教科書の英文が生徒にとって難しすぎるなら、教科書を易しいものに変えればいいでしょう。

　もう一つは、レッスンの扱いを均等にするのではなく、重点的に扱うレッスンと軽く扱うレッスンに分ければ良いわけです。

　また、何でもかんでも説明するという先生の癖を直し、説明を必要最小限にすることも必要になります。

　しかし、教科書を変える、レッスンの扱い方を変える、先生方の説明癖を直す、という三つのどれをとっても、「言うは易く、行うは難し」の問題です。三つとも、時間をかけて考え、試行錯誤のうちに忍耐強く実践を積み重ねてゆかなければなりません。また、この三つは別々の課題ではなく、それぞれに、複雑に絡まり合っています。

　三つともいっぺんにチャレンジするのは荷が重すぎます。三つの解決策のうち、本書で紹介するTANABU Modelは、２番目の解決策です。つまり、レッスンを同等の重さで扱わない、という方法です。このモデルは、青森県立田名部高等学校で開発、実施されているものです。

　教科書のレッスンを全て同じ時間をかけて運用するのが一般的に行われていることですが、そうすると、どのレッスンでも英文の理解にとどまって、発表活動までもっていくことができません。

　生徒に英語を使わせたい。その時間を確保するために田名部高校では、レッスンごとの重み付けで対処しようとしています。

　モデルの骨子は、教科書のレッスンにあらかじめ重み付けをしておいて、それに従って授業を進めるというものです。

　レッスンを４種類に分けます。十分に時間（15時間、12時間）をかけるレッスンと、短時間（４時間、２時間）で済ますレッスンに分けます。短い方のレッスンで生み出された時間を、十分に時間をかける方のレッスンで発表活動に使い、英語の定着を図ろうとするものです。当然ですが、短い方のレッスンでは発表活動は行いません。

基礎定着の重要性

　さて、田名部高校での取り組みの基本となっている考え方、そこから出てくる方針を少し説明します。

　生徒の頭の中に英語の基礎をしっかり作る、というのが田名部高校の基本的な方針です。基礎ができていなければ、その先に進むことができません。このことを理解するのに、特別な言語習得理論や科学的な証明などは必要ないでしょう。「常識」だけで片がつきます。あるいは常識すらいらないかもしれません。「基礎」という言葉の意味だけで十分かもしれません。(例えば、広辞苑には、基礎とは「それを前提として物事全体が成り立つような、もとい」とあります。前提（基礎）が成り立たなければ物事全体が成り立たないということになります。もともと「基礎」とはそういうものです)。

　ところが英語教育界というのは不思議なところで、このような常識が通用しません。もちろん、常識などというものは人によって違います。しかし、上に記したような常識はほとんど疑う余地はないことではないでしょうか。

　家を建てるときの土台と、英語の基礎は同じです。このたとえ話は何度もいろいろなところで書いていることですが、ここでも、繰り返します。家を建てるにあたっては、まず土台を作らなければなりません。もし土台なしで建てられたとしても、ちょっと風が吹いたくらいで、壊れてしまいます。そもそも土台を作らないで柱を立てたり、屋根を葺いたり、壁を作ったりすることはできません。

　言葉の習得でも同じことです。基礎語順もおぼつかないのに、倒置法を習っても使えるようにはなりません。理解すらできないかもしれません。1文ごとに二つも三つも知らない単語がある文章を「読む」には途方もない時間がかかります。理解できたとしても、それは解読のようなものであって、読解と呼べるようなも

のではありません。中学校の教科書をサッと読んで理解できない生徒が、「コミュニケーション英語Ⅰ」や「コミュニケーション英語Ⅱ」の文章をその場で理解することも不可能でしょう。初級が終わらないうちに、中級、上級とコースを進めていっても、コースに参加することだけによって、生徒の英語力が上昇することはありえません。基礎力定着という考え方がTANABU Modelのベースです。

英語の基礎

　基礎というものの大切さを理解していただけたとして、その次に待っているのは、「基礎とはなんぞや」という議論になります。

　これは細かく厳密に（？）議論をしたらキリがありません。また、厳密に定義したところで、実践上のプラスになるとは思えません。そこで、本当にザックリ言って、私は「中学校学習指導要領」に書かれていること、と考えるのが手っ取り早いと思います。もっと簡単に言えば、中学校検定教科書の中身（もちろん、題材はその中に入りません）だと思えば良いでしょう。

　語彙、文法の基礎的なものを考えれば良いと思います。語彙は多いに越したことはありませんが、とにかく、よく使われているものから使えるようになっていってほしいわけです。現行の学習指導要領によれば、中学で習う語彙は1200語程度ということになっています。まず、これだけは、聞いて分かる、見ても分かる、発音できる、だいたい正しく使える、くらいにはなっていてほしいものです。

　文法も中学で習うものはどれも、それなしでは英文を作ることができないほど基礎的なものです。まずは、語順。単語だけランダムに並べても状況などから判断できる場合もありますが、状況が分からないときなどは、ちゃんとした順番で並べてくれないと何を言いたいのか分かりません。

　また一口に語順と言いますが、語は一つだけ（つまり単語）で文を作ることは

珍しいことです。修飾語句がくっつきます。いろいろな飾り（修飾）が付いても、ひとかたまりだと理解できることが必要になります。a flowerもひとかたまりですが、a beautiful flowerもひとかたまりです。この辺までは中学生でもだいたい理解するのですが、the beautiful flower I bought for my girl friendとなると、ひとかたまりだと理解できない生徒が続出します。こんなに長くても、「花」であることは前の二つと変わりありません。変わっているのは、「どんな花か」の説明が前からと後ろから、付いていることです。

　まず、かたまり（語群）は把握できたり、作れたりすることが必要です。そして、その語群を並べて基礎的な文を作れないと基礎ができているとは言えません。

　あとはそれぞれの語にしかるべきお化粧（？）をしてあげなければなりません。過去のことなら動詞にedを付ける、助動詞なら後ろは、お化粧なしのスッピン（？）の動詞（原形）にするなどといったことです。

　しかも、こうしたことを、かなり短い時間でできなければなりません。処理速度の問題です。これが今まで英語教育であまり問題にされなかった点です。処理が自動化、高速化されていないと、通常の言語活動を行うことができません。処理が自動化、高速化されている状態を「定着している状態」と言っても良いかもしれません。ジグソーパズルを作るように、ピースを一つずつ、どこに入るか考えながら、1枚の絵を数時間、数週間、数ヶ月で完成する、というペースは言語を普通に使うこと（特に、話したり聞いたりすること）には当てはまりません。

　この他にも、be動詞と一般動詞の区別（これによって、疑問文、否定文などの作り方が変わってきます）、品詞の区別などなど、本当に基本的なことはほとんど中学校で習うことになります。

中学英語は身に付いているか

　基礎は中学英語だ、ということを一応お認めいただいたところで、では、その中学英語はどのくらい身に付いているのか（定着しているか）ということを考えてみなければなりません。

　文科省の調査（*1）によると、中学卒業時に英検3級以上を取得、または受験すれば取得できそうな生徒の割合は、だいたい35％（34.7％）だそうです。実際に3級以上を取得している生徒に加えて、先生が判断して受かりそうな生徒を含んでいるので、この割合は調査の時点での上限だと考えて良いと思います。しかも、英検は6割できるとパスするそうですので、3級を取得している生徒でも、その中には、中2の12月ぐらいまでの力でパスした生徒が含まれることになります。また、3級を取得していても、その範囲の英語がかなり自由に使えるということでもなさそうです。英検自体、それぞれのレベルの英語が自由自在に操れるかどうかをテストするためのものではありません。テストができても、自由に使えるとなると、もっとハードルは高くなりますので、当然のことと言えます。

　もう一つ例を挙げますと、金谷他（2015）（*2）では、中学生の主語（主語句）把握について、同じ生徒を3年間追いかけて調査しています。その結果、文中の主語句のかたまりがちゃんと把握できて中学を卒業する生徒は、甘く見て3割、厳しく見ると1割程度だということが分かってきました。

　約3割前後というところが偶然に文科省の調査と符合します。この符合が偶然なのかどうかは別にして、こうしたデータを見ると、高校時代で中学英語が卒業となる生徒（高校時代にも卒業とならない生徒も残念ながらいます）が圧倒的多数派であることが分かるでしょう。

（*1）平成26年度「英語教育実施状況調査」（2015）
　　　 http://www.mext.go.jp/a_menu/kokusai/gaikokugo/1358566.htm
（*2）金谷 憲・小林美音・告 かおり・贄田 悠・羽山 恵著（2015）
　　　 『中学英語いつ卒業？　中学生の主語把握プロセス』三省堂

高校英語授業の役割

　先生方が教えていらっしゃる高校生たちが、3級取得（見込み含む）が多いグループか、あるいは、逆の65％に含まれるのかはありますが、どちらにせよ、中学英語がかなりの自由度を持って使えるようになっていると想定して高校授業をするのは、適切な判断ではないと言えそうです。

　中学英語をまず固めてからその先に進まなければならないと考えるべきでしょう。であるとすると、高校英語授業の役割としては、基礎英語の定着とその先の導入（そのうちのできるものについては定着）を図るということになります。

　と、このように主張すると、すぐさま返ってきそうな反応は、「中学英語などやっている暇はない。大学入試があるのに」というものでしょう。これに対しては「そんなことを言っても、土台のないところに柱は立ちませんよ。無理なものは無理なのです」とお返しするしかありません。

　基礎が定着していなくても、時間がないのでその先に進む、というのは何かに似ているように思いませんか。

　私は、時々ニュースになる「手抜き工事」に似ているように思えてなりません。新築なのにすぐに傾いた、小さな地震で壊れたなどという問題が起こり調べてみると、工事にいろいろと手抜きがあったことが判明した、ということはよくあります。こうした報道がされたときに出てくる工務店などの言い分は「手を抜くつもりはなかったのだが、元請けが納期にうるさくて、間に合わせるためには、土台が乾くのを待ってはいられなかった」などというのが典型的なものです。

　これ、英語授業に似ていませんか。「中学英語の定着なんて言っていたら大学入試に間に合わない」。「中学英語の定着」（土台が乾く）。「大学入試が大変」（元請け、ゼネコンがうるさい）。ちょうど同じ構造ですね。

　似ていますが、違うところがあります。それは元請けうんぬん、というところです。元請け会社が下請け業者に厳しいことは現実としてあるでしょう。けれども、英語教育の方の大学入試は、とてつもなく厳しいことを高校に強いることはありません。少なくとも最近は。

　語彙を除けば、文法的には中学英語の定着が大学入試にも重要です。このことはアルク教育総合研究所（2015）のデータ（＊3）で明らかになっています。中学英語が十分に身に付いていると、最大で入試問題の9割近くは解答可能。少し控えめに見ても、8割程度はできると言うことが示されています。

　しかも、建築の比喩と英語授業が異なるのは、建築では、基礎をしっかり固めたため、納期には、柱と屋根はあるものの、壁や床のない状態までしかいかなかったとして、このままでは家の体をなしていないのですから、そのまま依頼主に引き渡すことは考えられないでしょう。

　これに対して、英語の方は、基礎を固めたところで大学入試が来てしまったとしても、基礎の部分だけで勝負することはできます。先に出したアルク教育総合研究所の調査データでも、基礎（つまり中学英語）で大学入試は約8割、解答可能なのですから。

　ということなので、「大学入試があるから、中学英語の定着など、のんびりしたことは言っていられない」というのは、言い訳として成り立ちません。「大学入試」というプレッシャーのために基礎に手抜きがあった、という「大学入試」への責任転嫁はできません。「大学入試」のためにも基礎の手抜きをしてはいけないのです。

　ただ、中学英語の定着が高校英語授業の大切な役割であるとしても、中学の教科書を使って授業を行うわけにもいきません。高校の教科書を使って、十分に「使う」時間を設けて基礎力の定着を図るというのがTANABU Modelの基本コンセプトです。

全てやったら時間が足りない

　文科省は大学入試改革をうたっています。本書を執筆している（2017年夏）段階では、どのような形になるのかはまだはっきりは分かりませんが、基礎が身に付かなくても、特殊な問題に答えられればパスするといった方向にはいかないことだけは確かでしょう。４技能型にするというのも、基礎がなくてもごまかせる方向ではありません。

　しかし、国の方向性に合った環境（教科書、授業時数、クラスサイズなど）が整うまでには相当の時間を要します。しかし、それまで待っているわけにはいきません。待っていたのでは、その間、授業を受ける生徒たちに申し訳ないでしょう。現在の教科書や授業時数などの中で理解させ、練習させ、発表させる授業を展開するのは簡単なことではありません。

　しかし、まず、できることから手を着けて、できる目標を地道に達成することが目の前にいる生徒たちへの英語科の責任です。田名部高校の取り組みはまさにこの実例の一つと言えるでしょう。

持続可能な改革

　田名部高校の取り組みの特徴は、持続可能な取り組みということです。研究当初からこのことを合言葉にして、工夫を進めてきました。授業改革はともすれば、教師側の途方もない労力と時間の投入なしには実現できないことになりがちです。プロジェクトの最中は担当者が膨大な仕事を背負い、終わる頃には疲れ果てているケースが少なくありません。「この先も、この方式を続けますか」と担当者に問うと、「もう二度とやりたくない」という答えが返ってくることが非常に多く

ありました。

　田名部高校では、アイデアを出し合うときも「現実的な努力の範囲で続けていけるもの」（持続可能）であるかどうかをまずチェックします。このチェックをパスして初めて深く検討し実践してみるということになります。

教科書を使った方法

　また、田名部高校の取り組みが、基本的に教科書をベースにした取り組みであるということも持続可能という特徴をよく表していると思います。特殊な教材を使ったり、イベントに頼ったりすることはありません。「はじめに」に述べたように、この取り組みは、家にいる青い鳥を大切にするものです。コミュニケーション英語の検定教科書を中心に据えて、英語の定着を図ることを主軸にしているので、担当者が疲れ果てることはありません。

　次章以下で詳しく説明しますが、常に担当者が意見交換して、うまくいかなかったハンドアウトなどは次回には改良版を試してみる、そして、また話し合うといった日常の努力を淡々と続けています。その結果、生徒の英語の力は外部模試などにもはっきり現れるほど伸びてきています（GTEC for STUDENTSで2015年度東北地区１位の伸び率。詳細は24ページを参照）。

　というように、TANABU Modelは持続可能な授業モデルとして大きな可能性を持っているものです。しかし、アイデアは流儀にこだわる必要はありません。生徒に英語を使わせて、英語の定着を図れば良いのですから、いろいろなモデル（多くはアルク選書の他の巻に紹介されています。本紙表紙カバーを参照）のいいとこ取りをして、より良いものを作り上げていけば良いのです。次章以下で詳しくご紹介するTANABU Modelは、授業改善の一つの考え方として受け取っていただきたいと思います。

第2章

TANABU Modelの
誕生とその成果

Contents

TANABU Model誕生の経緯　　18

TANABU Modelの成果　　24

TANABU Modelによる生徒の変化　　28

TANABU Modelによる教員の変化　　37

TANABU Model卒業後の生徒たち　　41

TANABU Modelの誕生とその成果
堤 孝（青森県立田名部高等学校外国語科教諭）

TANABU Model誕生の経緯

1 アドバイザー不在の出発

　田名部高校が英語の授業改善に取り組むことになったのは、平成25年度文部科学省「英語によるコミュニケーション能力・論理的思考力を強化する指導改善の取組」事業です。校長から打診があったのが2月、当時の外国語科主任が校長からこの事業の開始を伝えられました。「何か恐ろしいことが始まる」——私たち外国語科教員の中に、この事業の趣旨を正確に理解している者は誰一人おりませんでしたので、県教育庁から担当の指導主事にお越しいただき、校長と外国語科教員を対象に、事業の説明をしていただくことにしました。その翌日からは提出期限が迫る「取組計画書」を作り上げるのに精いっぱいで、他のことは一切できません。このような状況で4月の事業スタートを迎えてしまったわけです。明らかになっていたのは、事業名に付いている「コミュニケーション能力」と「論理的思考力」の2つの能力を強化するという目的だけ。そこにたどり着くための授業手順などを詳細に考える余裕はありませんでした。

　本校拠点校事業の授業改善の取り組みは、新課程が導入された平成25年度の1年生からスタートしています。つまり平成25年度の2年生と3年生は、従来通りの授業を受け卒業していきました。「英語の授業は全て英語で行う」という指導主事の指示を順守しなければならない、というのは、当時の私たちには極めてハードルの高い難題でした。「コミュニケーションを中心とする英語による授業」は海のものとも山のものともつかぬものに感じられ、旧課程の生徒たちの教室で行うことはできなかったのです。

　試行錯誤が続き、事業開始時点では現在のTANABU Modelの4パターンのアイデアなど存在していませんでした。平成25年度の1年生に配布したワークシートを見てみると、「コミュニケーション英語Ⅰ」のLesson 1の各セクションは9つのアクティビティで構成されています。現在のTANABU Modelでは、最もアクティビティ数が多い「パターンB：こってりコース」でも7つのアクティビティで構

成されていますので、明らかに盛り込みすぎです。開始当時どれほど時間がかかっていたかは、ワークシートからも明らかです。

しかもLesson 2からは、「論理的思考力を伸ばさなければならない」という課題を解決するために、各セクションの内容理解が終わった後に、「生徒同士がお互いに学んだことをディスカッションする」ということに挑戦していました。振り返ると、「論理的思考力」という言葉にどれほど苦しめられたことでしょう。ディスカッション自体は効果があったと思いますが、当然教科書の進度は遅れに遅れました。

1年間で教科書の最後のレッスンまで終わらないということはどこの学校でもよくあることだと思いますが、これでは年間を通じて十分な量の英文に触れさせることができなくなってしまう、と6月頃には学年スタッフも相当な焦りを感じ始めていました。

悩みの種はもう一つありました。担当の指導主事からは年に5回、公開の研究協議会を行うことを定められていましたが、助言者は本校が自前で依頼しなければなりませんでした。6月に行われた第1回の研究協議会には、県教育庁の指導主事が文部科学省教科調査官の平木 裕氏に助言をお願いしてくださり、何とか実施にこぎ着けました。しかし第2回以降のアドバイザーとして、誰に声をお掛けしたらよいのか見当も付かぬまま。年度途中ということもあって、途方に暮れていました。

そんな時に同じ1学年を担当している採用2年目の若い教員から「明日県の教育センターに研修に行くのでよろしくお願いします」という話がありました。講師の名前を聞いて驚きました。東京学芸大学名誉教授の金谷 憲先生です。早速ミッションが与えられました。──「どんな手を使ってもいいから金谷先生を本校にお連れしなさい」。

迎えた研修の日、アポ無しの依頼に挑もうとするこの若い教員を、ふびんに思ってくださったのでしょうか。青森県総合学校教育センターの指導主事が、研修の昼休みに金谷先生に会う機会を作ってくださったのです。

この教員が金谷先生にお願いした時にいただいた回答は「年に複数回、複数年にわたって行わなければ効果がない。それでよければお引き受けする」という趣旨のものでした。

このような著名な先生に定期的にお越しいただけるなんて、夢のような話です。さぞ厳しい御指導を賜ることになるだろうと、身の引き締まる思いがしました。

一方で、毎回の講師をお願いする負担が一気に解決したわけです。もし、この時の答えが「NO」であったならば、研究協議会の実施もままならぬ状況でしたので、授業改善の取り組みが１年で消滅していたことは確実です。

　この時の若い教員の勇敢な行動のおかげで、本校の実践を１年終える頃には現在のTANABU Modelの原形が出来上がっていました。

　平成25年９月に初めて金谷先生をお迎えしての研究協議会を企画することになりました。研究協議会は公開で他校の英語教員もお招きするのが原則でしたので、公開授業を含めた研究協議会の案を金谷先生にお伝えしたところ、「１年目はまだそんなことをする時期ではなく、校内での取り組みをしっかり考えるべきである」という助言をいただきました。確かに金谷先生にお越しいただく前に県主催で行った田名部高校の取り組みを紹介する出前講座では、参加者のためになる情報を何も提供できない状況でした。金谷先生をお招きしての研究協議会では、１日目に校内研究協議でじっくり授業改善について話し合う機会を設け、２日目に外部の先生方もお招きして公開で研究協議を実施することにし、以後、このスタイルで定着しました。

２）「高尚なことをやらなきゃいけない」という勘違い

　文部科学省へ提出するプランでは、スピーキングテストの実施も義務づけられていました。当初の私たちの計画では、教員が１対１のインタビュー形式で生徒の英語力を測定するという英検の二次試験形式を想定していました。実施時期は各学期の期末考査に向けて部活動が禁止になる１週間でまとめて行う予定でしたが、この安易な計画はすぐに実行不可能であることが証明されました。この期間にも大会を控えた生徒たちは部活動の練習がありますので、時間が取れないのです。課題を克服するため、スピーキングテストの実施についても再検討しました。

　９月12日に初めて金谷先生をお迎えして行われた研究協議会は、朝の９時35分から夕方４時まで６時間にわたって行われました。まずそれまでの５カ月間の取り組みを共有し、研究授業を行い、残りの４時間は取り組み方針の検討に費やしました。そこで、文部科学省へ提出した拠点校の取組計画を実践に移すために、どうすればいいのかを話し合ったのです。

　以下は平成25年度に文科省に提出した拠点校事業の取組計画の一部です。

スピーキングテストでは流ちょうさと正確さを判断材料とする。流ちょうさについては、単位時間あたりに口頭で表現する語数の増減で判断する。正確さについては目標とする言語材料を使用しなければならないような状況を作り出し、発話の中でそれが正確に使用されているかを測定する。ライティングテストでは、ライティング速度と目標とする言語材料の定着度を測定する。速度については、単位時間あたりに書くことができる総語数を比較することで生徒のライティング速度の推移を測定する。また、言語材料の定着度に関しては、生徒が書いたエッセーの中で、目標とする言語材料の形と意味が適切に使われているかを評価する。このような形で行った評価をCAN-DOリストとともに生徒に返却し、各自の技能が現在どの段階にあり、目標到達まであとどれくらいの位置にいるのか、客観的に把握できるようにフィードバックしていく。

このように、当初の計画で私たちは、スピーキングテストにおいてパフォーマンスの流ちょうさと正確さを測定する方法を確立しようとしています。しかし、金谷先生からあっさり「これは無理だよ」と言われてしまいました。測定にかかる労力を安易に考えていたため、実行可能性を考慮してのアドバイスであったと解釈しています。もし仮にこの計画を実践に移すことができていたとしても、評価に膨大な時間が割かれることになり、とても持続可能な授業モデルは構築できなかったと思いますし、それどころかスタッフが疲弊して、1年で拠点校事業をやめていたと思います。

また金谷先生は、「田名部高校が何をやりたいのかまったく見えない。田名部と言えばあれだねというものが必要だ」とおっしゃるのです。このアドバイスに対する回答は簡単に見つけられませんでした。

当時私たちは誰に言われたわけでもないのに、難しく手の込んだ斬新なことをやらなければ成果を出せないという強迫観念にかられていましたし、難しい課題に挑戦するのが拠点校事業であると勘違いをしていました。

しかし、「SELHi（スーパー・イングリッシュ・ランゲージ・ハイスクール）が終わった時に、もう二度とやりたくないという先生方が多かった」というお話を金谷先生からお聞きして、せっかくやるなら事業が終わった後も取り組みが続くようなものでありたいと思いました。経験が浅くてもベテランでも、英語を話すことが苦手でも得意でも、誰にでも簡単に取り組むことができる持続可能な授

業モデルが必要であるという現在のTANABU Modelの方向性にこの時点で導かれていたような気がします。

3) 持続可能なパフォーマンステスト「スピークアウト」の導入

　現在TANABU Modelではパフォーマンステスト一つをとってみても持続可能性を強く意識しています。

　仮に、教員が全ての生徒を対象に1対1のインタビューを行ったとします。1人3分で終えたとしても、1クラス40人として120分かかります。授業外で行うのは相当な負担ですし、授業内で行うとしたら50分授業で3時間はかかってしまいます。加えて生徒は自分のインタビュー以外の時間は自習をすることになってしまいます。

　時間短縮のために教員が2人の生徒を同時にインタビューテストするというアイデアも考えました。一つのトピックに対して2人の生徒が賛成と反対の立場で意見を述べるというものです。そうすれば時間の短縮になるのではないかということでしたが、この手法を用いて時間を短くしたとしてもインタビューを受けていない生徒は放っておかれます。

　このように時間短縮のためにさまざまな考えを巡らせても解決しなければならない課題が必ず残っており、実施できずにいました。

　そんな時1冊の本に出会います。『高校英語教科書を2度使う！　山形スピークアウト方式』（金谷　憲　編著・アルク）です。山形県立鶴岡中央高等学校の実践が紹介されたもので、1年目で内容を理解した教科書を、2年目でもう一度「最終タスク」を与えて使用するという取り組みでした。最終タスクの内容はスピーチ、プレゼンテーション、ロールプレイ、スキット、ディベートと多岐にわたっており、それぞれの活動に使ったワークシートも載っていました。

　田名部高校ではスピーキングテストの実施方法が見つからないという窮地に立たされていましたが、その本の中の活動は私たちが抱えていた課題を全てクリアしていました。パフォーマンステストを実施している際に他の生徒も評価に加わるので放置されることもなく、時間に無駄がありません。また、とてもシンプルな評価基準を使い、授業内で評価を終えてしまうのです。そして、何よりうれしいことに鶴岡中央高校で使用しているワークシートがそのまま掲載されているではありませんか。これを取り入れてみよう、と思いました。

1年生のパフォーマンステストとして田名部高校が選んだのは、ロールプレイでした。トーク番組の司会者がゲスト（教科書の登場人物）をテレビスタジオに招きインタビューをするという設定です。1人が番組の司会者となり、もう1人の生徒が教科書の登場人物となりロールプレイを行うことで、2人の生徒のパフォーマンスを同時に評価できます。また、パフォーマンスをしていない生徒たちは番組のオーディエンスとなり、盛り上げながら評価にも加わりますので、一切の無駄がないのです。前述の本には、ワークシートも授業手順も詳しく掲載されていますので、容易に実践に移すことができました。

4 パフォーマンステストの"魔法"

　パフォーマンステストの準備は、鶴岡中央高校の授業手順をそのまままねて行いました。スタジオでの収録という設定ですから本番では当然テレビカメラが入ります。このカメラでパフォーマンスを記録しますが、評価は映像を見て行うことはしません。そんな手間がかかることであれば、持続可能でなくなってしまいます。また、本番のパフォーマンステストでは、極力生徒にシナリオを暗記して臨ませました。

　始める前、私たちは、英語が苦手な生徒は途中で詰まって話せなくなるのではないかと予想していました。しかし、驚いたことに、英語ができる生徒だけでなく、いわゆる定期考査や外部模試ではあまり実力を発揮できない、これまでであれば英語が苦手とされてきた生徒たちが、活躍しているのです。楽しんで積極的にロールプレイを行う生徒の姿を見て、英語でのコミュニケーション能力は、ペーパーで測定できる能力と別の側面があるということを認識しました。

　このパフォーマンステストの"魔法"は準備段階で生徒が何度も教科書を読み返しているということです。必要な情報を得るために繰り返し教科書に戻り必要な部分を深読みする必要が出てきます。訳読式の授業の時には、予習で1回（ほとんどの生徒は不十分）、授業で1回、定期考査前に1回、合計3回しか教科書の本文に触れない、というのが一般的でした。しかし、このパフォーマンステストに取り組むことで、自然な形でしかも勉強していると気付かずに、何度も教科書を読むことになるのです。これにより、無理なく定着につながっていきます。また、相手の発話を理解しそれに対して返答しなければなりませんので、スピーキングもリスニングも、単なる練習ではなく意味を伝達するための手段として機

能していることになります。

TANABU Modelのパフォーマンステストでは、1年生でのロールプレイに続いて2年生でディベート、3年生ではディスカッションとプレゼンテーションを選びました。学年が進むにつれて、本番のパフォーマンスでの即興性が求められるような配列にしてあります。1年生のロールプレイではシナリオを作成し暗記してテストに臨むために、生徒自身が準備にかける労力は大きいです。しかし学年の進行とともに、準備時間が少なくなり即興性が増していきます。3年生の時に行われるディスカッションではほとんど準備時間が必要なくなりますが、ディスカッションでの生徒の意見交換は実に積極的に行われるように成長していきます。

TANABU Modelの成果

1) GTEC for STUDENTS 3年間の伸びで全国第2位*

TANABU Modelは、初めて教壇に立つ教育実習生でも、英語で指示を出すことを苦手としている教員でも、誰でも英語で授業を行うことができるコミュニケーション英語の授業モデルです。一つ一つのアクティビティはとてもシンプルで派手さはありません。ところが、実践の結果、驚くべき成果が出始めました。

入学時点でのスタディサポート（ベネッセコーポレーション）の成績で、前年度の旧課程最終学年の生徒たちに比べてはるかに劣っていた生徒たちが、1年生の11月からは外部模試の成績で旧課程最終学年を追い越し、卒業するまでその状態を維持し続け、本校の国公立大学の進学実績も過去最高となりました。

また、このモデルを使って授業を受けた新課程初年度の生徒たちは、2年生の6月に受験したGTEC for STUDENTSで、同日に同レベルのテストを受験した3年生（旧課程）の成績を追い抜いたのです。その後に入学してきた新課程の生徒の成績も同様のあるいはそれ以上の伸びを示しており、これまで旧課程の授業では2年で到達したレベルにわずか1年で到達することが分かってきました。

新課程生徒の3年間の指導が終わってみるとGTEC for STUDENTSの3年間の伸びは全国平均のほぼ2倍で、全国3位、東北6県の高校で最も成績が伸びた学校になっていました。さらに翌年の平成29年3月に卒業した生徒の3年間の伸びは全国第2位でした。

---

* 株式会社ベネッセコーポレーションによる「GTECのスコアが伸びた学校の研究（2016）」より。対象は、GTEC for STUDENTSのスコア研究で研究対象とした、全国の「高1時2013年夏回〜高3時2015年夏回を学校単位で受験した高等学校（かつ受験人数100名以上、受験人数の増減10%以内、高1から高3までの学習期間が2年＋前後30日という条件に合っている学校）70校」。なお、「2位」は公立校に限定した場合。

本校ではGTEC for STUDENTSで測れる４技能のうち、スピーキング以外の
リスニング、リーディング、ライティングを採用しています。TANABU Model
で授業を受けた新課程初年度生（H25入学生）は、高校１年生の時点では全国平
均より低い位置からスタートし、高校３年までの伸びが全国平均のほぼ２倍です。
前述しましたが、同じ日に同じ内容で受験したテストで、本校の旧課程最終年度
の３年生（H24入学生）のトータルスコアを新課程初年度の２年生（H25入学生）
が追い越してしまいました。グラフのGTECのスコアは６月に受験した平均点で
すから、TANABU Modelの14カ月で、旧課程の26カ月分に相当するコミュニケー
ション能力が身に付いた計算になります。

ここで誤解のないようにしなければならないのは、旧課程最終学年は生徒も教
員も考えられる最大の努力をしている点です。例えば本校が５クラス編制になっ
てからの国公立大学の合格者数が平成27年度の３月時点で過去最高を記録した
学年であり、旧課程の指導要領に沿って日々努力を重ねたことは言うまでもあり
ません。

それでは、旧課程生徒と新課程生徒のGTEC for STUDENTSの推移を技能別
に見ていきましょう。

２）リスニングの伸び

新課程の生徒はリスニングでは全国平均とかなり差がある低い状態からスター
トしましたが、２年生の時点でほぼ全国３年生の平均に達しています。

図表 2 ● GTEC for STUDENTS リスニング平均スコアの推移

200
190
180
170
160
150
140
130

高校 1 年　　高校 2 年　　高校 3 年

● H24 入学生
　（旧課程）
■ H25 入学生
　（新課程）
◆ 全国

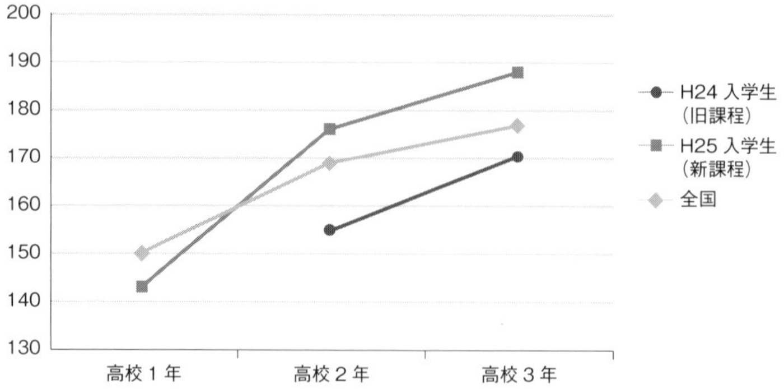

　旧課程の生徒は高校 3 年生でも全国平均に達することはありませんでした。旧課程時代の田名部高校では英語の授業を日本語で行っていましたし、生徒同士が英語で意味の伝達をする活動も行っていませんでした。

　一方、新課程の生徒は英語で授業を受け、自分の考えを英語で伝える活動を続け、パートナーの英語の発話に耳を傾け、その内容をさらに別の相手に伝える活動を実践しています。

　4 技能統合型のリスニングが授業の中で日常となり、スピードに慣れるというだけでなく、内容が記憶に残るリスニングの習慣が形成されているようです。

3　リーディングの伸び

　リーディングでも 1 年生の時点では全国平均に達していませんでしたが、2 年生からは全国平均を抜き、3 年生でその差をさらに大きく伸ばしています。

図表 3 ● GTEC for STUDENTS リーディング平均スコアの推移

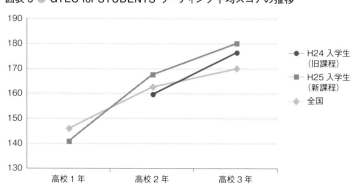

190
180
170
160
150
140
130

高校 1 年　　高校 2 年　　高校 3 年

● H24 入学生
　（旧課程）
■ H25 入学生
　（新課程）
◆ 全国

また、旧課程の生徒の日々の授業は読解技能の向上に焦点が置かれていましたが、2年生だけでなく3年生でも新課程生徒の平均点の方が高くなっています。

　旧課程では4技能のうち読解技能に特化して授業を続けていたにもかかわらず、4技能統合型の授業を採用している新課程生徒の読解力の方が高くなっているということは、読解中心の授業の限界を示しているかもしれません。

4　ライティングの伸び

　ライティングでは、新課程でも旧課程でも田名部高校は全国平均を上回っています。1年の6月時点で全国の高校3年生の平均を抜いて3年間で全国平均の2.5倍の伸びでした。

図表4 ● GTEC for STUDENTS ライティング平均スコアの推移

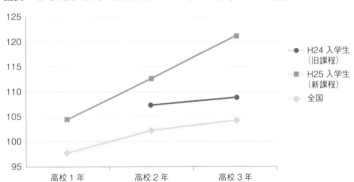

　新課程の生徒が入学してきた1年生の最初の2カ月は、レッスンのセクションごとに自分の考えを英語で述べさせていました。その後はTANABU Modelの原形とも言える形が出来上がり、「パターンA：超こってりコース」ではパフォーマンステストに向けて自分の意見を書く活動を、「パターンB：こってりコース」ではストーリーリプロダクションで与えられた10個のキーワードを使い内容を紙面に再生する活動をしてきました。加えて英語表現の授業でも文法解説と問題演習を避け、レッスンごとにトピックを設定し、自己表現活動を続けてきた成果が出たのではないかと思います。

TANABU Modelによる生徒の変化

1) 授業外で英語を話す生徒の出現

　平成25年度に入学し平成28年３月に卒業していった新課程初年度の生徒は、１年生の４月から英語の授業は英語で、まだ洗練されていないこてこての「こってりコース」のみ（45ページ参照）で行っていました。とにかく授業は進みませんでしたが、生徒が楽しんで授業を受けており、好奇心を持ちながら英語で元気に遊んでいるように見えました。

　教科書は『CROWN English Communication I』（三省堂）を使っていましたが、Lesson 1の授業を開始して最初のセクションが終わった時に生徒に「この教科書難しい?」と聞いたところ、「全然難しくありません」という返答がきました。

　この反応から、パラグラフチャート（教科書本文の文章展開を図式化した穴あきワークシート〈73ページWS01参照〉）が、難しめの教科書の理解を容易にしたのだと感じました。このワークシートは、英語力が低い生徒でも抵抗を持たない授業をするために、チームで生み出したものでした。私たちは、１学年３人のスタッフでチームを組んで、若い教員の斬新な発想を、経験を積んだ教員がワークシートに具体化する、ということに徹していましたが、それが機能した例です。最初に「私たちの方向性は悪くない」という感触を得たのは、この時でした。

　新課程初年度の生徒たちに、旧課程の生徒との違いを感じ始めたのは、青森県高等学校総合体育大会が終わった２年生の６月頃だったと思います。

　週末の部活動の時でした。サッカー部のマネージャー同士が楽しそうに英語を使っていました。ふざけている感じはありましたが、明らかに楽しそうな雰囲気で英語を使って対話をしていました。このような様子を見たのは部活動の時だけではありませんでした。授業と授業の合間に廊下を歩いていると、教室から英語で話す声が聞こえてくるようになりました。授業で英語を使って自分の意見を述べる活動がよほど楽しかったのか、たとえふざけていたにしても、授業以外でも英語でコミュニケーションを取る生徒の出現は明らかに旧課程時代とは異なる大きな変化でした。

2) 教員が感じた生徒の変化

　次に挙げるのは、平成26年（授業改善の取り組み開始2年目）の10月にTANABU Modelに携わっている教員が生徒の変化について述べた記録です。訳読を中心とするそれまでの授業から抜け出した時の新鮮さが感じられます。

（1学年担当　一戸啓二）

・「コミュニケーション英語 I 」を今年度からTANABU Model で取り組むこととなった。1学期の最初のLesson 1、2はTANABU Modelの「パターンB：こってりコース」で実施したが、セクションごとにやることの種類が多すぎ、生徒も自分も戸惑いがあった。「パターンA：超こってりコース」のLesson 3の前半は種類を絞りすっきりしたことで生徒の取り組む姿勢、授業中の気分がよくなったように感じる。後半のロールプレイは初めてということでやり方に慣れることが主だった。練習にもう少し時間をかければもっと充実したものになったと思うが、従来なかった取り組みは生徒にとって有意義な経験だったと思う。

・ペアワークやグループワークの機会が非常に多いので、とにかく生徒は自ら発信する、行動することが求められる。これまでにないアウトプット練習の増加に、生徒は何よりも積極的で楽しそうに取り組んでいるのは確かである。

（1学年担当　石川裕子）

・ペアやグループでの音読の時間がかなり多いので、授業で学んだ表現を普段の会話や英検二次、GTEC（Writing Section）等のテストの際に使っている場面が見られる。

・グループで答えを確認する活動では、最初は発言が少なく、ただ答えを見せ合っていただけのグループもあったが、慣れてくるにつれて、答えの根拠などについて活発に話すことができるようになった。それが、学級の良い雰囲気作りにも影響していると感じる。

・授業では和訳の仕方を詳しく指導しているわけではないので、不安を感じている生徒もいるようだが、自分なりに和訳に取り組んだり、重要な表現にラインを引いたりするなど、自主的にノートを作って復習に取り

組む生徒もいる。

（2学年担当　髙橋理恵）

・今年度より現在の2学年に入り、それと同時にTANABU Modelでの授業を行っている。その時点で生徒の方がこのスタイルに慣れていて、こちらの英語の指示を理解してすぐ反応し、音読も積極的に大きな声で参加し、ペアワークやグループワークもスムーズであることが印象的であった。従来の方法と比較すると、明らかにTANABU Modelの方が、生徒が生き生きと授業に参加していると思う。

・「英語表現Ⅱ」においては、授業が進むにつれて、生徒が自分の考えや意見をより豊富な情報量で積極的に表現する様子が窺えた。以前は教科書に設けられている枠を利用して作文をするケースが多かったが、このところ、何人かの生徒がそれにとらわれず自由に書いた方が楽だということとに気付いたようである。

（2学年担当　佐藤　新）

・パラグラフチャートの後に日本語での100字要約があることで、1文1文の文法説明や和訳がなくても、生徒の本文理解がかなり深まったと考えられる。パラグラフチャートではただ教科書の単語を当てはめて、あまり本文を理解しようとしていなかった生徒が、100字要約のグループでの話し合いの際、一生懸命本文についてメンバーに説明していた。

・1年生の最初からこの授業スタイルであるため、従来の生徒にあったような"英語を話す・聞く・書く"ことに対する抵抗が少なくなっている。

（2学年担当　堤　孝）

・1年生の6月のGTECライティングセクションで"Kendo is wonderful."と3語で終わった生徒が、半年後12月に受験した時には、解答途中に時間切れになったようであるが、"If I go to the Tokyo, I want to talk the world people."という複文を使って、自分のことを90語で表現している。また、2年生の6月には、"If I go back to Oma in sumer, I join to the

Inarijinzya festival." というような英文を使い64語で文を完結させている。ただしご覧のように自動詞他動詞の区別はできていないしスペリングも間違っている。正確さの定着にはかなりの時間を要すると思われるが、流ちょうさという意味では短期間で書けるようになるようだ。

・英語表現の課題や最終タスクで生徒の表現を確認した時に、過去に授業で学んだ表現を使っていることが多い。英検の二次試験練習でも同じことが言えるので、授業内でのインプットがインテイクされ、「書くこと」と「話すこと」の両面で、アウトプットにつながっているようだ。

・最終タスクを終えた後、生徒の英語力が大きく向上するように"感じる"。昨年は最終タスクを終えた11月の模試の成績が大幅に向上している。英語の4技能を無意識に統合的に使うことで、英語力の向上につながるように思われる。全てタスクベースでできたら、英語力は爆発的に伸びるものなのか、興味が出てきた。

・「コミュニケーション英語Ⅱ」のストーリーリプロダクションと、英語表現の授業ではkeywordsを与えるなどし、自分で考えさせてから、英文を話させるようにしている。そのため、一昔前の生徒のように、英文を頭の中で作ってから話そうとするために、結果的にフリーズして話せない生徒はあまり見られない。

・吹奏楽部の定期演奏会招待状を持ってきた生徒が、職員室に来て英語で招待してくれた。教室や廊下で英語を使って話している生徒がいたり、部活動のマネージャー同士の会話に、英語が使われている場面に遭遇したりする。英語を話すことに抵抗が少ない生徒が増えてきた。

（1・2学年担当　ALT　シャーロト ドレチェク）

The second graders are quite comfortable with using English to communicate after having this style of classes for one year. They know the system, so they work hard to complete the tasks in English if possible. It's quite impressive for me to hear them policing themselves to use English, which I think is a good sign of a learning environment in which they will uphold the amount of English used because they want to get better at it, and because it is fun. They are very vocal in class, and happy to use the English they know to get their point across.

The first years are still very shy and very unsure of their English ability. This varies by class and the teacher, and it is obvious which teachers use more Japanese in their instruction. I think with more time, they will grow confident, but it will take time and patience.

③　模試の成績の推移

　「コミュニカティブな授業ではGTECの成績は伸びるが、模試の成績は伸びない」と言われているようです。拠点校となった当初、私たちも模試の成績は期待できないと考えていました。そう考えていた要因はいくつかあります。

　まず、近隣中学校の英語の先生から、本校へ入学する新課程初年度生（H25年度１年生）は、旧課程最終年度生（H24年度１年生）よりもかなり英語力が低いということを聞いていました。次に、私たちは旧課程では母語の日本語で不自由なく行っていた授業を、新課程から第２言語である英語に変えました。「英語表現Ⅰ・Ⅱ」ではレッスンごとにきちんと自己表現活動をさせましたが、代わりに「文法を知識として体系的に教える時間」が捻出できなくなりました。「コミュニケーション英語Ⅰ・Ⅱ・Ⅲ」を通じてレッスンの終わりに載っている文法解説や設問（課末の設問）は取り上げませんでした。正確に言うと、本文を扱うだけで時間がかかりすぎてしまうので割愛せざるを得なかったのです。文法知識を十分に教えなくなったことから、「模試の成績は苦戦するだろう」と予想し、１学年の英語担当者間では、「校内からのプレッシャーに耐えなければならなくなるだろうから覚悟を」と話していたほどです。

　しかし、そのような心配は不要でした。次のグラフは、本校生徒の模試成績の伸びを表すものです。

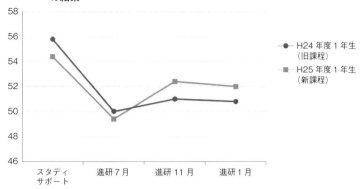

図表5 ● 入学時点の「スタディサポート」と「1年進研模試（総合学力記述模試）」の結果

　入学直後に受験したベネッセのスタディサポートでは平均偏差値で前年度生より1.4ポイント低い状態でした。成績の分布は明らかに下位層が厚く上位層が不在でした。1年生の7月に行われた進研模試の状況は若干下位層が少なくなりましたが、上位層は不在で前年度生と平均偏差値で0.4の開きがありました。この結果に私たちは、「従来のように文法をしっかり教えていない割には健闘しているが、いつかは下がる時がくる。11月の模試の結果では、いよいよ耐えなければならなくなるだろう」と考えていました。

　ところが、11月模試の結果が出た時に、進路担当者から「英語、すごく伸びていますよ」と報告を受けたのです。成績の良かった前年度生に1.4ポイントの差をつけて上回っていました。成績の分布を見てみると上位層が若干増え（この時点で上位層の数はまだ前年度生にはかないません）、下位層がかなり減っていました。そして、田名部高校のこれまでの成績を考えると追いつくはずのない県内の高校の成績に肉薄していました。次の瞬間頭をよぎったのが、問題のリークです。思わず同学年の担当者に「問題リークしたのかな？」と聞きました。しかし、校内では事前受験は行っておらず、漏れるとしたら校外から漏れたのではないかと考えざるを得ないほど上昇の幅が大きかったのです。この力が一過性のものでないことを確認するために、1月の模試の結果を待ちわびました。

　そして迎えた1月の模試。若干落ちたものの、成績のいい旧課程最終学年である前年度生を上回っていました。授業を行っていて、下位層が減少している感触はありました。しかし、私たちスタッフ自身が模試での急激な成績の伸びには懐疑的でしたので、問題の妥当性まで疑ったのが正直なところです。

結果を受けて振り返ってみると、11月に進研模試を受験するまでに教科書の情報を基にしてパフォーマンステストも行っており、相当なアウトプット活動をしていました。今にして考えると、アウトプット活動を通じて英語の基礎の定着が図られていきますので、成績が上がって当然なのですが、その時点では私たちにとっても初めてのことでしたので、現実を理解できる準備が整っていませんでした。

4) 「2年生で成績を上げられたら本物」

金谷先生には、平成25年度は9月から3回にわたり御指導を賜りました。当然模試データも共有していましたので、私たちの正直な気持ちをぶつけてみることにしました。「この力は一過性のものではないか」「本当に力が付いているのだろうか」という私たちの問いに対して、金谷先生は、次のような回答をくださいました。「どこの学校も1年生では成績が上がるもの。しかし、2年生で成績を上げられたら本物だろう」。

果たして、生徒たちが2年生になり、7月の進研模試は前回の模試と比較して、平均偏差値も上位層下位層の人数もそれほど変わりませんでした。11月には平均偏差値が0.2下がりましたが、ここでも上位層と下位層にほぼ変化はありませんでした。しかし、1月にまた爆発が起こったのです。平均偏差値が52.8と、前回爆発的に伸びた1年生の11月の52.3をさらに上回りました。上位層が伸び、下位層が激減し中位層が厚くなっていました。「2年生で成績を上げられたら本物」という金谷先生の言葉を思い出し、生徒の力が「本物」になっているということをようやく受け入れられるようになったのです。

図表6 ●「2年進研模試（総合学力記述模試）」の結果

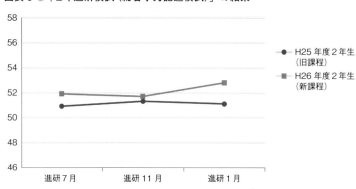

2年生の秋ぐらいだったでしょうか。授業時間終了までに何かアクティビティをするには中途半端な時間になり、突発的に、ブレインストーミングの時間も与えずに、こんなトピックを投げ掛けてみました。"Prime Minister Shinzo Abe should reveal the existence of U.F.O."すると、どの生徒も楽しみながら英語で自分の考えを伝え合っているではないですか。すでに自分自身の高校時代の英語運用能力を超えていることに気付き、「何てすごい生徒たちなのだ」と感激したことを覚えています。「この生徒たちなら、たとえ高校卒業後に日本人が一人だけの多様な文化出身の人々が集まる環境の中に置かれたとしても、生き延びられるだろう。グローバル社会で活躍するのはこのような人間なのだ」と確信しました。

　また、2年生の学年末考査では、地元の国公立大学である弘前大学の個別試験問題に似せて初見の自由英作文の問題を出題しました。すると、驚いたことに、ほとんどの生徒が1年以上先の入試問題で求められるレベルの内容を、英文で表現できるようになっていたのです。

5 GTEC、模試、進学実績の全てがついてくる

　本校では民間就職や公務員、専門学校を受験する生徒もおります。この生徒たちは3年生の6月のマーク模試までは全員受験ですが、その後の模試を受験するのは大学、短期大学、医療系の専門学校を志望する生徒です。このように3年生の7月以降の模試は全員受験ではありませんので、年度ごとの比較は全ての3年生の学力を表すものではありません。その点を勘案して3年生での成績の推移をご理解ください。

　このような条件のもとですが、3年生での模試の成績も、マーク式筆記、マーク式リスニング、記述式の全てにおいて一学年上の生徒の成績を下回ることはありませんでした。リスニングは偏差値で2〜3程度上回りました。マーク模試は一学年上の生徒より若干高い程度でした。何より周囲が驚いたのは3年10月の進研記述の偏差値で50を上回ったことです。これまでの本校の成績推移パターンでは、この回で一気に落ち込み、偏差値50を大きく下回っていました。7月模試に比べると偏差値は落ちたものの、下降の角度が緩やかで、この10月の模試でも全国平均以上を維持しました。

　記述試験に自信を持った生徒たちは、各自の進路達成に向けて積極的に挑戦しました。就職であれ、専門学校であれ、短大であれ、大学であれ、本校では「生

徒一人一人の第一志望の達成」を最大の目標に掲げています。ですから学年側としても国公立大学の合格者数へのこだわりはありませんでした。しかし、終わってみると、本校が1学年5クラスになって以来、難関大学受験者数、後期試験まで粘る生徒数、国公立大学合格者数の全てで、過去最高をマークしていました。

　最終的に、TANABU Modelを使って授業を受けた新課程初年度の生徒たちは、GTEC、模試、進学実績の全てにおいて、過去最高の結果を残したのです。

図表7 ●「3年進研模試（総合学力マーク模試）　筆記試験」の結果

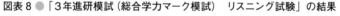

図表8 ●「3年進研模試（総合学力マーク模試）　リスニング試験」の結果

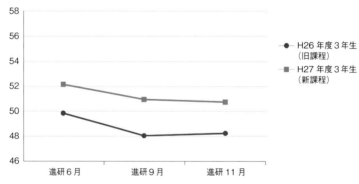

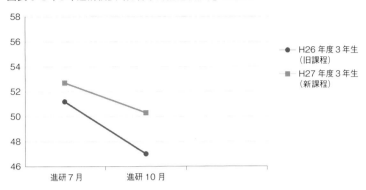

図表9 ●「3年進研模試（総合学力記述模試）」の結果

凡例:
- ● H26年度3年生（旧課程）
- ■ H27年度3年生（新課程）

TANABU Modelによる教員の変化

1　同僚性の向上

　「田名部高校の奇跡」と金谷先生に評されたのは平成27年度の第1回の研究協議会でした。田名部高校の授業改善の取り組みが授業に関わる全ての教員で行われている点と、実践開始2年目でTANABU Modelという形になり、日々の観察とGTECや模試の数値から生徒のコミュニケーション英語能力の向上が見られるようになったことが評価されたのだと解釈しています。

　当初金谷先生からは「研究が定着するまでは最低でも5年は必要である」と言われていました。1年目は準備段階、2〜4年目で一回りし、5年目で次の回りに入って何とか形になってくるというのが通常の傾向だというのです。

　それではなぜTANABU Modelが実践2年目である程度の成果が見えてきたのでしょうか。私は、教員間の連携、同僚とのやりとりや共有がそれまでとは違う形で行われたからではないかと考えています。

　前述したように、私たちは、平成25年度新課程1年目の年に入学してきた1年生から授業の指導改善に取り組みました。チームを組んだのは、堤 孝（研究主任　教務部）、石川裕子（1学年英語科副担任　教務部）、佐藤 新（1学年英語科担任　採用2年目で初めての担任）でした。

　教科書は『CROWN English Communication Ⅰ』（三省堂）を使用しています。最初のレッスンは若田光一さんと宇宙ステーションのお話です。セクション1のワークシートの素案を学年スタッフ3人で共有したところ、英語だけのパラグラ

フチャートでは、入学したばかりの生徒にとって難しいのではないかという結論に至りました。その会議では代案は出なかったのですが、次の会議で佐藤に「セクションの流れを視覚に訴えて、絵や写真を使って理解させたらいいのではないか」という名案が浮かびます。しかし、佐藤も堤も絵心がなかったため、石川が引き受け、とても分かりやすく素晴らしいパラグラフチャートが出来上がりました。このように、学年の担当者がお互いに意見と力を出し合いながら、先の見えない授業改善を文字通り走りながら考えていました。

2) 授業者の感想

　以下は、平成26年9月（実践開始2年目）に、TANABU Modelで授業を行っていた教員が授業者の感想として記録したものです。2年目の新鮮な雰囲気が伝わってくると思います。

（1学年担当　一戸啓二）

・TANABU Modelの4つのパターンを一通りこなし、ようやく全体の概要がつかめてきた。各パターンによって進め方が結構大きく異なるが、このような変化がある方がむしろ好ましいと思う。

・授業を進めるスピードはある程度必要だろうが、生徒の理解や表現力の定着とのバランスをどう取ればよいか迷わなくもない。

・「英語表現Ⅰ」の授業でも「コミュニケーション英語Ⅰ」の授業でも、よくQ and Aを行うが、答えを本文の中、例文の中から探して答えるだけでは、単に読解力を見るだけに終わってしまっているのではないかとの指摘を最近受けた。目の前にある題材を基に、どう考えるかを自分から発信したり相手の考えを聞いたりしてさらにその内容を深めていけるようになることが必要だとのこと。準備や評価に手間がかかるが、このような指導に力を入れて取り組んでいかなければならないと思う。

（1学年担当　笠井道生）

・TANABU Modelのレッスンプランを実際に経験することによって、生徒の実態に合わせてどのように授業を進めていけばよいか分かってきた。特に良いと感じているのはリーディングプラクティスである。生徒たち

は多様なパターンを楽しんで、英語の発音やイントネーションを理解しようとしている。

・内容理解やアクティビティを中心に行うレッスン、リーディングやリスニングに焦点を置くレッスンと多様性があることで、生徒たちの英語運用力を伸ばすことができる。

（1学年担当　石川裕子）

・レッスンプランが4パターンあることで生徒が「自分が試されている技能は何なのか」を理解しながら授業に取り組んでいるように見える。

・Can-Doリストを踏まえ、レッスンの内容を前もって吟味し、配列を考え1年を見通して年間計画を立てたことで、余裕を持って教材研究ができた。

（2学年担当　髙橋理恵）

・授業中、教員も生徒もほとんど全て英語を使うことにより、抵抗感なく英語を使うことができてきている。また、自己満足でしかないかもしれないが、教員自身が「英語の授業をやっているんだ」という実感を持つことができる。

・一つのセクションでさまざまな活動を取り扱い、グループワークやペアワークもあるため、メリハリがあって飽きが来ない。授業をしていて楽しいと実感する。

・取り扱うレッスンにより、リスニング中心だったり読解力テストだったりと、さまざまなバリエーションで取り組むことから、「どのレッスンも必ずこうでなくてはならない」という固定観念にとらわれなくてよいため、心理的負担が軽減される。

・使用する教材が共通であり、ある程度授業スタイルも決まっているため、途中からその学年を指導することになっても負担なく取り組むことができる。

（2学年担当　佐藤 新）

・ペアワークやグループワークがあり、生徒が意欲的に授業に取り組んでいる（授業中に生徒が寝ない）ため、授業者も楽しんで授業ができる。

・話し合いや個人で時間を計って集中して書くものなどさまざまなパターンがあるため、メリハリのある授業展開ができる。

・学年で共通のワークシートを使用しているため、自分の担当クラスでどこまで教えるべきか他のクラスのことを考えながら独自のプリントを作らなくてよい。授業準備が楽になった。

・学年団で話し合う機会が増えたため、どの時点で生徒をどうもっていくかの共通理解ができた。同じ方向性で指導ができるので、学年全体の成績アップにつながると思う。

（2学年担当　堤 孝）

・英語で授業を行うことは大変なことだろうと予想していたが、それほど困難はなかったように思う。

・4パターンあることで、授業がルーティーン化しないので、いつも新鮮な気持ちで授業ができる。

・「演繹的な文法指導はするのか」という質問をよく受けるが、演繹的に扱うのは長期休業に実施する講習中のみである。GTECだけでなく、模試成績も伸びが大きい。文法セクションが弱いということもないので、何度も触れることで、帰納的に文法も定着していると考えている。

・授業を生かした考査問題はどのような形になるのか、考える必要がある。

（1・2学年担当　ALT　シャーロト ドレチェク）

The pair work and group work activities work well to foster the use of the second language in the classroom.

At times, the amount of repetitive reading is excessive. While it is good pronunciation practice, it does not help students' communicative competence. The use of the interview test is great for challenging the students to listen to each other and to simulate a real conversation. It's also a good way for them to realize that they can use the language in a real and meaningful way.

TANABU Model卒業後の生徒たち

①　大学進学後に生きる学習経験

　平成28年7月にTANABU Modelで学んだ最初の卒業生で、大学で看護の勉強をしている生徒が、夏休みを利用して学校に遊びに来てくれました。すると開口一番「TANABU Modelすごいです！　卒業生みんな、そういう話をしています」と言うのです。

　私にはこれがいちばんうれしい出来事でした。GTECや模試の成績が上がったとか、国公立大学の合格者数が過去最高だったとか、そんなことはささいなことです。生徒がTANABU Modelで学んで身に付けた英語のコミュニケーション能力を、大学の授業で積極的に活用できている。その事実を知り、何よりも大きな喜びを感じました。

　平成28年12月、生徒が進学した国立大学の先生からメールが届きました。人文社会学部文化創生課程に所属する学生が英語の授業で「私の尊敬する人」というタイトルで、TANABU Modelで指導した教員のことを話したというのです。そしてこの学生は大学で教わったスピーチの構成方法を理解して、それを意図したとおりにパフォーマンスに移し、スピーチそのものを楽しんでいるようだと書かれていました。早速メールで言及されている彼女に「TANABU Modelで学んだ英語が大学の授業でどのように役立っているか」を尋ねたところ、次のような回答をもらいました。「迷いなく人前で英語を使った発表ができるようになりました。むしろ英語の方が緊張しなくなったかもしれません。長文を書く時の手順が頭に入っているからか、課題もすぐに終えることができます（笑）。それに、ペアワークやディスカッションの時、話が進めやすいです（周りはすらすらと言葉が出てこない人の方が多いです）」。

　さらに、ディスカッションについては、理学部化学科に進学した生徒が次のような感想を述べてくれました。「ディスカッションの授業では、『日本の方言の多様性』や、『原子力発電』などのテーマについて、事前に短い文章を読み、ワークシートを準備した上でディスカッションを行いました。共にネイティブスピーカーの教員が授業を担当し、使用言語は英語でしたが、TANABU Modelでも英語の授業は英語で行っていたので、大学でもほとんど支障がありませんでした」。

　この2人の卒業生の発言から、文系・理系にかかわらず、大学1年生ではディ

スカッションの授業があり、TANABU Modelで実際に英語を話した経験を活用している様子が分かります。

② 専門英語における英文理解にも有効

TANABU Modelでは、まずは辞書を使わずに本文の内容を推測して英文の理解をしていますが、看護学部看護学科に進学した生徒は「医療英語」という授業で、次のようにTANABU Modelが役立っていると述べてくれました。「『出生前診断』や『尊厳死』の英文を読む時に、辞書に載っている表現とは別の言い方で訳さなければ、意味が通じません。TANABU Modelの学習方法によって、単語の意味をさまざまな視点から推測し、脳内で単語のニュアンスをイメージしながら英文を訳せるようになりました。きっとTANABU Modelで学ぶことによって自然と身に付いたんだと思います」。

この発言から、医療英語などのESP (English for specific purposes)においても、TANABU Modelで身に付けた英文を理解するための思考プロセスが役に立っていると思われます。

第3章

TANABU Modelの
概要

Contents

TANABU Modelとは   44
TANABU Modelの狙い   45
TANABU Modelの特徴   46

TANABU Modelの概要

堤 孝

TANABU Modelとは

1) レッスンの扱いに変化を持たせた授業のモデル

　生徒の英語コミュニケーション能力の向上を目指し、持続可能な英語授業のモデルとして、青森県立田名部高等学校で取り組んできた英語授業の形を「TANABU Model」と呼んでいます。

　TANABU Modelは「教科書に基づいて授業を行い、アウトプット活動を通じて英語の基礎を定着させるために、レッスンの扱いに変化を持たせた"持続可能な"コミュニケーション英語Ⅰ・Ⅱの授業モデル」です。

　特別な技能を持った教員ではなく、英語を話すのが不得意な教員でも、経験が浅い教員でも誰でも英語で授業を行うことができる"持続可能な"コミュニケーション英語の授業モデルです。

　ネーミングにTANABUと学校名を入れたのは、控えめな本校の生徒や教員が自分たちの取り組みに誇りを持てるようにという願いを込めました。

　また、TANABU Model 2013に始まり現在はTANABU Model 2017を実践中ですが、モデル名に年度を入れているのは、常にバージョンアップできる柔軟性を持たせることで授業者がいつでもより良いものを目指し、改良を加えられると考えたからです。

2) 4つのコースと特徴

　TANABU Modelでは、教科書のレッスンを4つのパターンに分けて授業を行います。

　パフォーマンステストで終わる「パターンA：超こってりコース」は15時間、ストーリーリプロダクションで終わる「パターンB：こってりコース」は12時間、リスニングに特化した「パターンC：あっさりコース」は4時間で、読解力診断テストを実施する「パターンD：超あっさりコース」は2時間で、1つのレッス

ンを終了します。

図表 10 ● TANABU Model 基本形 メニュー

こってりコース　　　　　　　　　　　　　あっさりコース

Pattern A【超こってり】15 時間 "パフォーマンス" テスト

Pattern C【あっさり】4 時間 "リスニング" 特化授業

Pattern B【こってり】12 時間 ストーリー "リプロダクション"

Pattern D【超あっさり】2 時間 "読解力" 診断テスト

　授業内でアウトプット活動を通じて英語の基礎を定着させることを目指していますので、本来であれば「パターンＡ：超こってりコース」15時間と「パターンＢ：こってりコース」12時間だけ行いたいところですが、それでは教科書の進度が遅くなり過ぎて、考査範囲がとても狭くなってしまいます。

　そこで、必要になってくるのが「パターンＣ：あっさりコース」4時間と「パターンＤ：超あっさりコース」2時間です。この2つのあっさり系のコースが、考査範囲を増やしてくれますし、できるだけ多くの英文に触れることで語彙を豊かにしてくれます。

　TANABU Modelの最大の特徴は、持続可能性（教員にも生徒にも過度の負担をかけない授業モデル）と実行可能性（英語発話の得意不得意や、教員経験の長短に関わらず、誰でも実践が可能）です。さらにインターネットや英字新聞に頼らず、授業の全てのソースは教科書にしていますから、各校のICTへアクセスできる環境の違いにも左右されません。本校には何でも頼れるスーパーティーチャーは不在ですので、全ての教員が協働で身の丈に合った授業スタイルを求めた結果がTANABU Modelです。

TANABU Modelの狙い

1）英語の基礎定着

　「英語の基礎をアウトプット活動を通じて定着させること」がTANABU Modelの最大の狙いです。具体的にイメージできるように言い換えると、「高校を卒業してから10年以上英語から離れていた生徒が、突然海外勤務を命じられ英語を使わなければならなくなった時に、よりどころとする英語の基礎的な感覚を残す

授業」を目指しています。

　子どもの頃にスキーができるようになった人は、たとえ10年以上ゲレンデに行っていなくても、スキーを履くとすぐに感覚を取り戻すことが可能です。楽器の演奏も似たような部分があると思います。もちろん、第二言語の習得はスポーツや楽器の演奏と全て同じというものではないでしょうが、私たちは、このような目標を掲げています。そして、「生徒が将来社会人として英語使用を迫られた時に体が覚えていて取り戻せる英語の基礎を高校3年間で授けること」を、英語教師の仕事だと考えているのです。

TANABU Modelの特徴

1） TANABU Model　10個の特徴

　TANABU Modelには10個の特徴があります。まずここに一覧で示し、次から順に解説していきます。

> 特徴①：持続可能
> 特徴②：教科書中心
> 特徴③：無駄のないパフォーマンステスト
> 特徴④：生徒中心
> 特徴⑤：リスクテーカーを育てる授業
> 特徴⑥：新鮮に見せる工夫
> 特徴⑦：“理解可能な”最速のスピード
> 特徴⑧：文法は帰納的に
> 特徴⑨：汎用性の高さ
> 特徴⑩：常にバージョンアップ

2） 特徴①：持続可能

　TANABU Modelは、生徒にも教師にも優しい「“持続可能な”コミュニケーション英語Ⅰ・Ⅱの授業モデル」です。

　「生徒にとって優しい」という表現には「けしからん」というお声を頂戴するかもしれません。多くの先生方は、「負荷をかけるからこそ伸びるのだ」とお思

いでしょう。

しかし、TANABU Modelの「パターンA：超こってりコース」と「パターンB：こってりコース」では、生徒がやらされているという感覚を持たないままに、楽しみながら相当な負荷（?）がかかっています。

「パターンA：超こってりコース」では、最終タスクであるパフォーマンステスト（1年ロールプレイ、2年ディベート、3年ディスカッション・プレゼンテーション）に向けて、ペアやグループでシナリオを作成し話す練習を繰り返します。この過程で生徒は何度も教科書を読み返し、深く内容を理解してパフォーマンステストに臨みますので、結果的にアウトプット活動を通じて教科書の英語が定着しています。

また、比較的難易度の高い教科書を使っても、生徒が難しさを感じることなく内容を理解し定着を図っていけるよう、アクティビティの流れを工夫しています。平成25年度から田名部高校の「コミュニケーション英語Ⅰ」の教科書は、各社が刊行するものの中から、難易度の高いものを選んで使用してきました（平成25年度入学生『CROWN English Communication Ⅰ』（三省堂）、平成26年度入学生『UNICORN English Communication Ⅰ』（文英堂）、平成27年度入学生『Perspective English Communication Ⅰ』（第一学習社））。

本校の生徒は高校入学時点での学力差がとても大きく、英語が得意な生徒から苦手な生徒まで、幅広い層の生徒たちが同じ教室で学んでいます。英語を苦手とする生徒が、教科書が難し過ぎて授業に参加できないということがあってはなりません。そこで、難しい教科書であっても内容理解を助けるパラグラフチャートから入り、サマリーシートで100字の日本語要約をして、他の生徒と理解状況を共有しながら自分の間違いに気付き、正確な内容理解に近づいていく、というプロセスを踏ませます。授業の目的は教科書の内容理解ではなく、教科書の内容を基にアウトプット活動を通じて英語の基礎を定着させることですので、生徒の内容理解のハードルを上げる必要はありません。

また、「TANABU Modelでは、宿題としては何をやらせていますか?」という質問を受けることが多いのですが、原則として自学を前提としていません。家庭での学習習慣の形成は必要ですが、現実問題として自学を前提に授業を進めたとしたら、「生徒の学力差＋やる気の差＝授業での理解度（定着度）の差」という公式ができてしまうかもしれません。それに、宿題は英語だけではありません。総合的な学習の時間で行っている課題研究などに取り組む時間も必要です。さら

に、家庭では教室のように周りにいるクラスメートを意識することがありませんので、無意識のうちにスピード（処理速度）を意識しない「読み」、「聞き」、「書き」になってしまうことが多いと考えています。日常の英語の使用場面だけでなく、センター試験やTOEICテストで高得点を取るには、処理速度を上げないことにはどうにもなりません。ですから、生徒には英語であっても日本語であっても、「理解可能な最速のスピード」で取り組ませることで4技能の処理速度が速まることを意識させています。

　総じてTANABU Modelでは授業以外で生徒に負荷をかける場面は少なく、その分授業内で各技能を高める活動を繰り返すようにしています。宿題に生徒の成績の伸びを頼るのは、私たち英語教師の敗北を認めるようなものです。私たちは、授業の中でいかに生徒の技能を伸ばすか、日々改善を加えるべきだと思います。

　続いて、「教師にとって優しい」というのは、授業の手順が決まっており、学年ごとに共通のワークシートを使うことから、授業の経験が少ない教師であっても、経験を積んだベテラン教師であっても、同じ手順で授業を進めていくことができるためです。

　もちろん指示の出し方やヒントの出し方などに経験の差は出るかもしれませんが、授業は生徒中心であり教師が一方的に話し続ける場面はありません。授業中は英語で指示を出し、解説はできるだけ避け、必要があれば生徒自身が答えを発見できるように導いていきます。授業の準備は授業の前にほぼ完了していますので、授業中は生徒の発話や生徒が書いた英文をモニターし、理解度を確かめながら適切な指示を出すことに集中できます。

　また、ストーリーリプロダクションで再生した英文を添削するにしても、間違いのある箇所全てを直すことはしません。金谷先生に、「教師が熱心に添削すればするほど、生徒の学習意欲が低下する」という「添削のパラドックス」という概念を教えていただきました。これに基づき、生徒が添削してほしい箇所に赤線を引き、その部分だけに教師が青ペンで添削を加えています。

　平成25年度に初めてストーリーリプロダクションを導入した時には、全ての間違いを添削していたため、時間がかかり過ぎて返却が滞りました。このような教師に過度の負担がかかる方法では結果的に添削はなくなってしまい、とても持続可能とは言えません。生徒が欲する部分にピンポイントでフィードバックする方法に切り替えたことで、生徒の書く意欲を保ちながら短時間で添削を終えることができるようになりました。常に生徒と教師双方にとってメリットが大きい方

法を探しています。

③ 特徴②：教科書中心

　TANABU Modelに取り組む15年ほど前にCNNのニュースを教材として使用していたことがあります。2カ国語放送をビデオで録画し、放送後24時間以内に授業で使用していたのです。今思うと、「Authenticity＝最も新しい情報」と取り違えて、そのような授業を行っていたわけです。教師の自己満足の度合いとしては高いレベルを味わえましたが、生徒の英語の技能を伸ばすことはできませんでした。そして何より持続可能ではありません。このような授業を行うには当時であれば衛星放送にアクセスできる環境が必要で、全ての英語教師がこのような環境下にあるわけではありませんでした。これは一例に過ぎませんが、コンピューターリテラシーが高い教師だけが利用できる投げ込み教材や、英語の運用能力が高い一部の英語教師だけができるような授業方法はTANABU Modelにはありません。

　英語教師としてこれらの技能を高めていく努力は必要でしょうが、教師の英語力が上がってから英語の授業は英語で行うという考えであれば、学びに対して謙虚な英語の教師はいつまでたっても英語で授業を行うことはできません。つまり「あの人だからやれるんだ」というものはTANABU Modelにはありません。

　そう考えた時に、教科書を最大限に活用することが最も持続可能な手段であるという結論に至りました。

④ 特徴③：無駄のないパフォーマンステスト

　TANABU Modelのこだわりは、パフォーマンステストの最中に自習をしている生徒が出ないようにして2授業時間内で実施すること、教科書の全てのレッスンを1年で終えること、そしてパフォーマンステストも含めて授業は教科書の内容に基づいて実施することです。

　第2章でも触れましたが、平成25年度に最初のパフォーマンステストの実施を考えていた際に、実施に二の足を踏むさまざまな課題がありました。それを全て解決してくれたのが、山形県立鶴岡中央高等学校の「スピークアウト方式」の授業で行われているパフォーマンステストでした。全ての生徒がパフォーマンステストに参加し、教科書に基づきシナリオの作成ができ（教科書中心）、評価も

全て授業内で終えてしまうという、教師に優しく生徒は楽しい持続可能なパフォーマンステストをワークシートも含めほぼそのまま使用しています。

5) 特徴④：生徒中心

TANABU Modelのそれぞれの活動は圧倒的に生徒中心です。教師が解説する場面はほとんどありません。

文法項目を個別に説明するような場面はTANABU Modelの中にはありませんが、生徒の理解を深めるために文法を扱うことはあります。その際にも、まずは生徒同士で「形」と「意味」を発見できるように促し、見つけられない時は生徒が解答を出せるようにヒントを与え導きます。

授業中に生徒の頭の中が受け身になることは少なく、体の一部が動いていなくても思考がほぼアクティブな状態になっています。

授業中は教師が一心不乱に板書を続け、解説している姿はありません。教師は生徒に活動の指示を出し、生徒が産出する発話や英文をモニターしています。英語の授業で表面上は生徒よりも教師がアクティブであることはありません。教師の役割は授業の前に生徒がアクティブに活動できるように準備すること、授業中は指示を出し生徒を観察して生徒の活動が活発化するようにサポートすることにかかっています。

また、全ての活動にペアワークかグループワークで内容を確認する場面が設けられています。

6) 特徴⑤：リスクテーカーを育てる授業

平成28年12月4日に上智大学で行われた「上智大学・ベネッセ英語教育シンポジウム」で、「英語が伸びている学校の事例」としてTANABU Modelが紹介されました。事例発表に先駆けて、ベネッセ教育総合研究所グローバル教育研究室の研究員のお二人が、平成28年3月に卒業した学年の生徒がどのような教科書や副教材を使用して、どのような授業を行って成績が伸びたかを過去の「コミュニケーション英語」と「英語表現」の授業映像も含めて分析してくださいました。

その際お二人は授業中に田名部高校の教師が"Don't be afraid of making mistakes."と何度も言っていることに注目され、田名部高校に特徴的なのは「間

違いを恐れない生徒の姿勢」にあると分析されました。

　自分以外の教師の授業を見る機会が限られている私たち英語教師とは異なり、これまで多くの授業を見てこられた専門家の御意見です。田名部高校の授業の客観的な特徴を表していると思います。

　ここで、田名部高校の生徒のこの姿勢に一役買っていると思われる「田高（田名部高校）英語　十箇条」をご紹介します。これは、平成25年度から田名部高校に入学した生徒たちが最初の英語の授業で受ける「洗礼」です。

田高英語　十箇条

一. 自分の弱点を見つけ自分で学ぶことができる自立したかっこいい人間になるべし

二. 国際的な広い視野で物事を捉え、できることから行動できるかっこいい人間になるべし

三. 映画や音楽、テレビ番組など身の回りにあふれている英語に積極的に触れるべし

四. ８年後には世界の人々と一緒に、地球のどこかで英語を使って仕事をしていることを肝に銘ずるべし

五. 自分と違う考えを尊重しながら、自分の意見を述べられるかっこいい人間になるべし

六. たとえ親の敵とペアになっても、クールにかっこよく協力して活動に取り組むべし

七. チャイムとともに授業を始められるように、万全の準備をしておくべし

八. 釜臥山が噴火しても提出物は期限を厳守するべし

九. 自分の努力できる才能を信じるべし

十. 豊かな想像力&創造力と適切なユーモアを持つべし

7　特徴⑥：新鮮に見せる工夫

　TANABU Modelではアウトプット活動を通じて英語の基礎を定着させていきます。教科書のレッスンを４つのパターンに分けて授業を行いますので、１年生の最初を除いて同じパターンが連続してくるということはありません。

　これは生徒も教師も１つのパターンに慣れ新鮮味を失わないというメリットが

あります。どんなに効果的なメニューも続けるとその効果が失われていくことは誰もが経験から理解しているのではないでしょうか。同じパターンの繰り返しでは慣れが生じた段階で集中力が無意識のうちに薄れてしまうと考えます。

　TANABU Modelは「コミュニケーション英語Ⅰ・Ⅱ」の授業モデルとして４つのパターンで授業を行います。厳密に言うと「コミュニケーション英語Ⅲ」はいわゆるTANABU Modelではありません。ではどのような授業を行ったかというと、平成28年度の３年生には、全てのレッスンの全てのセクションでアクティビティのパターンを変え、"型のない"授業モデルTANABU Model Assortedを作りました。新課程の大学入試がどのような形になるか誰も見通しが立たない中で、生徒を型にはめることを極度に恐れたからです。

　本校生徒の特徴として、センター試験の難易度には変化がないのに、入試のパターンが変わったから失敗したという例が多かったので、同じレッスンでもセクションごとに扱い方を変え、生徒が授業の流れを予測できないようにしました。アクティビティの順番を入れ替えるなど、根本的にはTANABU Modelと同じ技能を伸ばしていても表面上は違うことに取り組んでいるように思わせ、新鮮さを持続させる工夫を継続しました。

　特徴①「持続可能」が本校の取り組みのキーワードとなっていますので、特徴⑥「新鮮に見せる工夫」はこの特徴と矛盾するように感じられる方がいらっしゃるかもしれません。例えば「TANABU Modelには４つのパターンがあり、ワークシートの作成が大変ではないか？」という疑問です。しかし、パターンは違っても、使用するワークシートは共通する部分が多いです。また、一度ワークシートの型ができれば、内容に関わる部分だけを教科書に付属する電子データから切り貼りしたりするだけの作業ですので、誰でも作成することができ、作成にかかる労力も激減します。全てのセクションでパターンを変えたTANABU Model Assortedであっても、それぞれのアクティビティはTANABU Modelで何度も経験した活動の再利用がメインであり、特に新しい型を作っているわけではありません。結果的に、ワークシートの作成や授業の実施においても、続けていくことで教師への負担が減り、やればやるほど楽になっていきます。

8 　特徴⑦：“理解可能な”最速のスピード

「特徴①：持続可能」の項目で宿題との関係でも述べましたが、TANABU Modelでは時間を意識して、英語を処理する時間を高速化することを狙っています。日常の英語使用の場面だけでなく、TOEICやセンター試験などでも、いかに速く情報を捉えて処理できるかにスコアが左右されます。センター試験は時間がありさえすれば、点数がもっと伸びるのでしょうが、あれだけの分量を制限時間内にこなさなければならないということがテストの難易度を上げていると考えます。

その対策として授業においては、どんな場面でも理解可能な最速のスピードで取り組むことを意識させています。例えば、ボキャブラリースキャニングシート（82ページWS04参照）では教科書を見ながら日本語とその単語数を与え、その表現に該当する英語の表現をできるだけ速くスキャンし、ワークシートに書き写していきます。できるだけ速く取り組むことで英文を前から語句のかたまりとして理解する処理速度を速めることを狙いとしています。

9 　特徴⑧：文法は帰納的に

TANABU Modelでは、英語の文法知識を与えてから使わせるのではなく、英語を使わせておいて、「なるほどこういうことだったのか！」と文法知識を帰納的に発見していくスタイルを採用しています。

平成28年3月に卒業した生徒たちに行った授業では、教科書の課末に載っている文法事項を授業で扱うことはしませんでした。文法の知識を学び問題演習を行ったのは、夏期講習や冬期講習の期間だけでしたが、この時でさえも教師が教えるスタイルではなく、生徒同士が発見し学び合うスタイルで文法を扱っています。

結果的に高校生が学ぶ文法項目を全て終えたのは、2年生の冬期講習でした。旧課程の生徒と比較すると、TANABU Modelで学んだ新課程の卒業生は文法用語には詳しくないものの、定着している文法項目は圧倒的に多いと思われます。

10 　特徴⑨：汎用性の高さ

授業改善に取り組み始めた平成25年度の1年生は、『CROWN English Communication I』（三省堂）を使用しました。この年のうちにある程度

TANABU Modelの原型が出来上がってきたので、平成26年度の1年生には
『UNICORN English Communication I』（文英堂）を、平成27年度の1年生には
『Perspective English Communication I』（第一学習社）を使用し、TANABU
Modelの汎用性を確かめています。

　これまでのところ、違う教科書を使用しても同じように授業を進められていま
すし、GTECや模試の成績はほぼ同じような軌跡をたどって推移しています。こ
のことから、どのような教科書を使用しても実践可能な授業モデルであると言え
そうです。

11　特徴⑩：常にバージョンアップ

　TANABU Modelは毎年バージョンアップしているため、「TANABU Model
2013」、「TANABU Model 2014」のように、後ろに年度を明記してご紹介して
います。ただし、厳密に言うと同じ年度内でもバージョンアップ自体はしていて、
授業の改善を目指してワークシートに変更が加えられていきます。

　たとえどんなに効果を上げられる授業モデルがあったとしても、同じことを繰
り返し生徒が慣れてしまったら効果は落ちていきますし、教師の側にも新鮮さが
失われてしまいます。

　TANABU Modelでは基本形は存在しますが、各学年の担当者の課題意識を授
業にすぐに反映させられるようになっています。

　毎年入学してくる生徒の学力や気質が同じはずはありません。その生徒たちに
適した授業を提供するために、同じ学年に所属する教師が足並みをそろえて授業
を行い、情報を共有し、改善方法を話し合い、授業とワークシートに常に改良を
加えていくのです。

第4章

TANABU Modelの
カリキュラム

Contents

田名部高校のカリキュラム　　56
TANABU Modelの4パターン　　58
各パターンの概要　62

TANABU Modelのカリキュラム

堤 孝

田名部高校のカリキュラム

1) クラス編成とカリキュラム

下の表は田名部高校の外国語カリキュラムです。

図表 11 ● 田名部高校外国語カリキュラム（平成 25 ～ 28 年度）

学年学科	科目名（単位数）		
1 年普通科	コミュニケーション英語 I（4） （TANABU Model）	英語表現 I（2）	
1 年英語科	総合英語（4） （TANABU Model）	英語表現（2）	異文化理解（2）
2 年普通科文系	コミュニケーション英語 II（4） （TANABU Model）	英語表現 II（3）	
2 年普通科理系	コミュニケーション英語 II（4） （TANABU Model）	英語表現 II（2）	
2 年英語科	総合英語（4） （TANABU Model）	英語表現（3）	時事英語（3）
3 年普通科文系	コミュニケーション英語 III（4） （TANABU Model Assorted）	英語表現 II（3）	
3 年普通科理系	コミュニケーション英語 III（4） （TANABU Model Assorted）	英語表現 II（3）	
3 年英語科	英語理解（4） （TANABU Model Assorted）	英語表現（3）	時事英語（2）

　田名部高校は、普通科4クラス、英語科1クラスの各学年5クラス編成です。英語科は3年間同じクラスで学んでいます。普通科は2年生から文系1クラスと理系3クラスに分かれます。TANABU Modelの4パターンを使って授業を実施しているのは1・2年生普通科の「コミュニケーション英語 I・II」、英語科の「総合英語」です。これらの科目は普通科も英語科も同じ手順で授業を進めています。

　3年生の普通科文系・理系の「コミュニケーション英語III」と英語科の「英語理解」も同じ内容で授業を行っています。先述した通りこちらの授業では生徒の

予測を裏切るために、全てのレッスンの全てのセクションで授業手順を変える TANABU Model Assortedを考案しました。

　平成27年度の３年生は新学習指導要領のもとで学んだ最初の生徒でした。これまでの本校の生徒は、センター試験の難易度は変わらないのに出題形式が変わると点数が下がるという傾向がありましたので、新課程で大学入試の出題形式が激変する可能性を考え、型を崩そうとしたのがTANABU Model Assortedの始まりです。型にはめないために、模試の過去問を与えなかった最初の学年になりました。「知識を問う問題はセンター試験から消える」という私たちの読みは見事に外れましたが、少々の出題傾向の変化に動じない資質は身に付いたと思われます。

　普通科１～３年の「英語表現Ⅰ・Ⅱ」と英語科の「英語表現」も３年生の12月になって初めてセンター試験に向けた学習に取り組むまで、ずっと表現活動を続けます。かつての"OCG（オーラルコミュニケーションのクラスで文法演習をする授業の俗称）"と呼ばれたような文法演習の授業は行いませんでした。

　こちらもTANABU Modelと同様に教科書に基づいて作成した共通のワークシートを使い、各学年が同じ手順で授業をしています。文法の知識を体系的に解説することはせず、レッスンごとに定められたトピックについてまとまった語数（50～100語程度）の英語で自分の考えを口頭と文章で述べることが各課の目標です。教科書を最大限に活用するために独自のワークシートを作成し、表現するためのプロセスを鍛える授業を行い、最終的に生徒が無理なく50～100語程度で自分の考えを述べられるようになっています。

　例えば、平成25年度に入学した生徒は、「英語表現Ⅰ」のLesson 1では各自の中学時代について50語程度で表現することから始まり、２学期には各自の食生活について80語程度で表現しています。１年生で10個のトピック、２年生で18個のトピックを書き、２年生の学年末考査では、ほとんどの生徒が国公立大学２次試験の100語程度の英語で意見を述べる力を身に付けていました。３年生でもさらに13個のトピックについて書いていますので、センター試験受験後の国公立大学の２次試験の自由英作文の対策では質を高めることに専念すればよく、ほとんど手間がかかりませんでした。

　英語科の「異文化理解」と「時事英語」では、プレゼンテーションを行う機会が充実しています。例えば年に３回青森県の国際交流員（中国・韓国・ロシア・シンガポール・アメリカ）を招いて異文化理解授業を行っていますが、そこでは「国際交流員の出身国の高校生と田名部高校の高校生が友好を深めるためのツアー」

を企画してプレゼンテーションを行い、国際交流員に最も優れた企画を選んでもらいます。また、「時事英語」の中で行っている「外国語交流学習」では、近隣の小学校を訪問し1～6年生の全ての児童に対して、外国語活動の授業を行います。小学校側から依頼を受けたトピックについて、生徒2～3人のグループで授業の指導案を作成し、ポスターや小道具も作成して授業に臨んでいます。

TANABU Modelの4パターン

1）基本の4パターン

　1年生「コミュニケーション英語Ⅰ」、2年生「同Ⅱ」で行うTANABU Modelでは、教科書のレッスンを4つのパターンに分け、軽重を付けて授業を行います。

　最も時間のかかる「パターンA：超こってりコース」は1レッスンを終えるのに15時間かかります。教科書の内容を理解した後のパフォーマンステストが最終タスクです。パフォーマンステストの内容は、1年生ではロールプレイ、2年生ではディベート、3年生ではディスカッション・プレゼンテーションを行います。学年が進むごとに、準備にかける労力が減り即興性が高まっていきます。

　「パターンB：こってりコース」は12時間で1レッスンを終えます。ストーリーリプロダクションが最終タスクです。セクションごとに、本文の理解を終えると10個のキーワードを使って、教科書の内容を口頭で再生する練習をした後に、10分間で自分の表現で内容を英文で書き表します。

　4時間で1レッスンを終える「パターンC：あっさりコース」は、リスニングに特化した授業で、教科書の文字を見ず、音声だけで本文の内容理解を行います。

　「パターンD：超あっさりコース」は、模擬試験の英文のように読解力診断テストとして教科書の英文を活用し、2時間で1レッスンを終えてしまいます。

図表12 ● TANABU Model の4パターン

パターン	コース名	特徴	1レッスンの授業時間
A	超こってり	パフォーマンステストで終える	15時間
B	こってり	ストーリーリプロダクションで終える	12時間
C	あっさり	リスニングに特化した授業	4時間
D	超あっさり	読解力診断テスト	2時間

2) 各パターンへの分類方法

　現在TANABU Modelの４つのパターンは、年度当初の授業開始前に、担当する学年スタッフが集まって決めています。本校で使用している「コミュニケーション英語Ⅰ・Ⅱ」の教科書はどれも10レッスンで構成されていますが、まず全てのレッスンに目を通します。

　最初に「パターンA：超こってりコース」に適切なレッスンを２つ選びます。パターンAは年に２回行うパフォーマンステストと連動しています。１年生のパフォーマンステストは、教科書の登場人物をスタジオに招いてインタビューするトークショーですので、生徒がシナリオを作成する段階で興味がわくような登場人物を扱っているレッスンを選びます。２年生のパフォーマンステストは、ディベートを行います。さまざまな角度から意見を述べられるようなクリティカルな内容を扱っているレッスンが適しています。

　次に「パターンC：あっさりコース」を２または３レッスン選びます。もし教科書の中にインタビューなどの対話文を扱ったものがあれば、迷わずそのレッスンを選びます。例えば、『CROWN English CommunicationⅡ』（三省堂）のLesson 2 Into Unknown Territoryは、羽生善治氏へのインタビューを扱っています。本来インタビューというのは文字ではなくて音声で理解し合うわけですから、教科書の内容を理解する際にも読んで理解するよりは、聞いて理解する方が実際のコミュニケーションに近いと考えています。ただし、教科書によっては、インタビューのような対話がない場合もあります。そのような場合には専門用語がなるべく少なく、既習の名詞や動詞の割合が多く、時間を追って事実を伝えていくようなもの、あるいは生徒の背景知識が生かせる内容があれば、内容についていくことが容易になると思います。

　次に「パターンB：こってりコース」で扱う２つまたは３つのレッスンです。こってりコースは、最終タスクがストーリーリプロダクションで、各セクションに３時間かけ、４つのセクションにトータルで12時間かけて授業を行います。時間をかけアウトプットまで持っていくレッスンですから、生徒にとって新鮮で興味深い内容を扱っている課が適しているようです。英語の授業は技能を鍛える場であると考えていますが、未知なる新鮮な知識を得ることで生徒の好奇心を持続させることができます。

　最後に選ぶのは「パターンD：超あっさりコース」で使う２つまたは３つのレッ

スンです。このコースでは教科書の英文を読み、模擬試験のように問題を解いていきます。模擬試験にどんな英文が出てくるか分からないように、ここではどのような内容を扱ったものでもいいと思います。逆に言うと、他のパターンA～Cを先に決めて残ったレッスンを扱うのがパターンDということになります。

3) 授業を行う順番

　教科書の各レッスンを4つのパターンに分類したら、授業を行う順番を決めていきます。1年1学期、新入生の最初の授業は、「パターンB：こってりコース」を行います。全てのコースに共通するワークシートがこのコースで用いられていますので、高校1年生も新しく本校のメンバーに加わった教師もこの「パターンB：こってりコース」でTANABU Modelに慣れていきます。

　次に考えなければならないのは、年に2回のパフォーマンステストを伴う「パターンA：超こってりコース」を行う時期です。田名部高校の定期考査は5月の中旬に「1学期中間考査」、6月下旬に「1学期期末考査」、青森県の運動部の県レベルの大会は4月末から5月初旬にかけて「春季大会」、6月初旬に「高校総体」と大きな行事が続きます。1年生の1学期、新入生は学校生活に慣れることで精いっぱいな状態ですから、比較的落ち着いた2学期か3学期中にパフォーマンステストを実施しています。また、2年生になると生徒はTANABU Modelの4パターンには慣れていますが、新たに加わる教師の負担を考え、1学期ではなく2学期と3学期中にパフォーマンステストを行います。

　平成26年度の「1年『UNICORN English Communication I』（文英堂）を使った教科書の順番を入れ替えた例」（図表13参照）では、2学期中間考査前と学年末考査（3学期考査）の前にパフォーマンステストであるロールプレイ「トークショー」を実施しました。平成26年度の「2年『CROWN English Communication II』（三省堂）を使った教科書の順番通りに進む例」（図表14参照）では、2学期中間考査前と2学期期末考査前にディベートを行いました。

　また「1年『UNICORN English Communication I』を使った教科書の順番を入れ替えた例」は、その名の示す通り教科書の順番通りレッスンを扱わずに、学年の使用目的に合わせた順序に並べ替えていますが、「2年『CROWN English Communication II』（三省堂）を使った教科書の順番通りに進む例」は教科書の順番通りに授業を行いました。

図表 13 ● 1 年『UNICORN English Communication I』（文英堂）を使った教科書の順番を入れ替えた例

考査	レッスン [パターン]	タイトル	備考
1中	Lesson 1 [B]	This is *ME*	ストーリーリプロダクション①
1末	Lesson 2 [B]	Dewey the Library Cat	ストーリーリプロダクション②
2中	Lesson 4 [D]	Forests for the Future	読解力診断テスト①
2中	Lesson 3 [A]	A World of Colors	パフォーマンステスト： ロールプレイ「トークショー」①
2末	Lesson 6 [C]	El Sistema: The Miracle of Music	リスニングに特化した授業①
2末	Lesson 8 [D]	Haruki Murakami Abroad	読解力診断テスト②
2末	Lesson 7 [B]	Why Are You Sleepy?	ストーリーリプロダクション③
年末	Lesson 5 [A]	A Dive into the Ocean	パフォーマンステスト： ロールプレイ「トークショー」②
年末	Lesson 9 [D]	Vertical Farming	読解力診断テスト③
	Lesson 10 [C]	Words and You	リスニングに特化した授業②

図表 14 ● 2 年『CROWN English Communication II』（三省堂）を使った教科書の順番通りに進む例

考査	レッスン [パターン]	タイトル	備考
1中	Lesson 1 [B]	A Boy and His Windmill	ストーリーリプロダクション①
1末	Lesson 2 [C]	Into Unknown Territory	リスニングに特化した授業①
1末	Lesson 3 [D]	Paul the Prophet	読解力診断テスト①
2中	Lesson 4 [A]	Crossing the Border	パフォーマンステスト： ディベート①
2中	Lesson 5 [B]	Txtng—Language in Evolution—	ストーリーリプロダクション②
2末	Lesson 6 [C]	Ashura —A Statue with Three Faces—	リスニングに特化した授業②
2末	Lesson 7 [A]	Before Another 20 Minutes Goes By	パフォーマンステスト： ディベート②
年末	Lesson 8 [B]	Why Biomimicry?	ストーリーリプロダクション③
年末	Lesson 9 [D]	The Long Voyage Home	読解力診断テスト②
	Lesson 10 [C]	Grandfather's Letters	リスニングに特化した授業③

なお、図表13、14の考査欄は、1中＝1学期中間考査（5月中旬実施）、1末＝1学期期末考査（6月下旬実施）、2中＝2学期中間考査（9月下旬実施）、2末＝2学期期末考査（11月下旬実施）、年末＝学年末考査（2月中旬実施）を表します。

4) 4つのコースで使用するワークシート

TANABU Modelで使用する基本的なワークシートは以下の通りです。最も使用するワークシートが多いのは「パターンB：こってりコース」です。この他に「パターンA：超こってりコース」では、パフォーマンステストで使用するワークシートがあります。

図表15 ● 各コースで使用するワークシート

	パターンA 超こってり 15時間	パターンB こってり 12時間	パターンC あっさり 4時間	パターンD 超あっさり 2時間
A Paragraph chart	○	○	○	
B Summary sheet	○	○		
C Comprehension sheet	○	○		
D Vocabulary scanning sheet	○	○	○	○
E Reading practice sheet	○	○	○	○
F Dictation sheet		○		
G Story reproduction sheet		○		

各パターンの概要

1) 「パターンA：超こってりコース」（15時間 パフォーマンス）の概要

授業の流れ	配当時間
【内容理解】 セクションごとに概要把握A B→内容理解C→語彙＆表現定着活動D→さまざまな音読活動E	8時間
【表現活動】 パフォーマンステスト：1年ロールプレイ、2年ディベート、（3年ディスカッション・プレゼンテーション※）	7時間

※ 3年ディスカッション・プレゼンテーションは「コミュニケーション英語Ⅲ」

62

のTANABU Model Assortedで実施するため、配当時間はこの表とは異なります。

【内容理解】

　1レッスンを15時間で終了する「パターンA：超こってりコース」は、パフォーマンステストでレッスンを締めくくります。平成25年度の1年生は、パフォーマンステストとして1年生ロールプレイ2回、2年生ディベート2回、3年生ディスカッションを1回とプレゼンテーションを1回行いました。パフォーマンステストの内容は教科書に基づいています。15時間中最初の8時間は教科書の内容理解を行い、続く7時間でパフォーマンステスト（表現活動）を実施します。

　本校で使用している「コミュニケーション英語Ⅰ」と「コミュニケーション英語Ⅱ」の教科書の1レッスンは、ほとんどが4セクションで構成されていますので、各セクションに2時間、4つのセクションで合計8時間かけて教科書の内容を理解していきます。セクションごとの2時間は、概要把握（Ⓐ Paragraph chart ＋ Ⓑ Summary sheet）→内容理解（Ⓒ Comprehension sheet）→語彙＆表現定着活動（Ⓓ Vocabulary scanning sheet）→さまざまな音読活動（Ⓔ Reading practice sheet）と続きます。

【表現活動】

　本文の内容が頭に入ったらパフォーマンステストで表現活動です。準備からパフォーマンステストの実施と評価までを7時間で終了します。平成28年3月に卒業した生徒たちが受けたパフォーマンステストの特徴は、学年の進行とともに事前準備と暗記量が減り、説得力と即興性の割合が高まっていきます。

学年	内容（回数）	事前準備	説得力	暗記量	即興性
1年	ロールプレイ（2回）	高	低	高	低
2年	ディベート（2回）	中	中	中	中
3年	ディスカッション（1回）	低	中	低	高
3年	プレゼンテーション（1回）	低	高	低	中

2) 「パターンB：こってりコース」（12時間 リプロダクション）の概要

　田名部高校に入学してきた生徒は全てのコースの基本形である「パターンB：こってりコース」から授業を始めます。

授業の流れ	配当時間
【内容理解】 セクションごとに概要把握ⒶⒷ→内容理解Ⓒ→語彙＆表現定着活動Ⓓ→さまざまな音読活動Ⓔ→ディクテーションテストⒻ 【表現活動】 ストーリーリプロダクションⒼ	12時間

　1レッスンを12時間で終了する「パターンB：こってりコース」は、セクションごとに内容を理解した後で、ストーリーリプロダクションまで行ってしまいます。

【内容理解と表現活動】

　こってりコースは、セクションごとに、概要把握（Ⓐ Paragraph chart ＋ Ⓑ Summary sheet）→内容理解（Ⓒ Comprehension sheet）→語彙＆表現定着活動（Ⓓ Vocabulary scanning sheet）→さまざまな音読活動（Ⓔ Reading practice sheet）→ディクテーションテスト（Ⓕ Dictation sheet）→ストーリーリプロダクション（Ⓖ Story reproduction sheet）の流れで3時間で終了します。1レッスンは4つのセクションで構成されていることが多いですから、全部で12時間で1レッスンを終える計算です。概要把握からディクテーションテストまでが内容理解、ストーリーリプロダクションが表現活動です。

3) 「パターンC：あっさりコース」（4時間 リスニング）の概要

授業の流れ	配当時間
【内容理解】 リスニングによる概要把握Ⓐ→語彙＆表現定着活動Ⓓ→音読活動Ⓔ 【表現活動】 表現活動はありません	4時間

【内容理解】

　あっさりコースはリスニングに特化した授業で1レッスンを4時間で終了しま

す。リスニングにより本文の内容を理解します。リスニングによる概要把握（Ⓐ Paragraph chart）→語彙＆表現定着活動（Ⓓ Vocabulary scanning sheet）→音読活動（Ⓔ Reading practice sheet）の順番で1つのセクションを1時間で終了し、1レッスンを4時間で終了します。

【表現活動】
表現活動はありません。

4 「パターンD：超あっさりコース」（2時間 読解力）の概要

授業の流れ	配当時間
【内容理解】 読解力診断テスト→語彙＆表現定着活動Ⓓ→音読活動Ⓔ 【表現活動】 表現活動はありません	2時間

【内容理解】
　「パターンD：超あっさりコース」は2時間で1レッスンを終了します。20分で「読解力診断テスト」という教科書をベースにした問題に取り組みます。残りの30分で生徒同士で交換し、採点基準を見ながら採点し1時間目終了です。2時間目には語彙＆表現定着活動（Ⓓ Vocabulary scanning sheet　※扱う分量を他のコースと比較して半分程度にしています）→音読活動（Ⓔ Reading practice sheet）を1時間で終了します。

【表現活動】
表現活動はありません。

第5章

TANABU Modelの
進め方

Contents

TANABU Modelでの授業の進め方　68
「パターンB：こってりコース」の進め方　68
「パターンA：超こってりコース」の進め方　88
「パターンC：あっさりコース」の進め方　106
「パターンD：超あっさりコース」の進め方　109
ワークシートの狙い・変遷・作り方　114
型のない授業モデル：TANABU Model Assorted　119

TANABU Modelの進め方

堤 孝

TANABU Modelでの授業の進め方

1) ワークシートを使用

TANABU Modelではワークシートを使って授業を進めています。

図表15 ● 各コースで使用するワークシート（再掲）

	パターンA 超こってり 15時間	パターンB こってり 12時間	パターンC あっさり 4時間	パターンD 超あっさり 2時間
A Paragraph chart	○	○	○	
B Summary sheet	○	○		
C Comprehension sheet	○	○		
D Vocabulary scanning sheet	○	○	○	○
E Reading practice sheet	○	○	○	○
F Dictation sheet		○		
G Story reproduction sheet		○		

　A Paragraph chartは「パターンD：超あっさりコース」を除く３つのコースで、B Summary sheetは「パターンA：超こってりコース」と「パターンB：こってりコース」で使用します。全コースで共通するのはD Vocabulary scanning sheetとE Reading practice sheetです。F Dictation sheetとG Story reproduction sheetは「パターンB：こってりコース」でのみ使用します。この他「パターンA：超こってりコース」ではパフォーマンステスト用のワークシートを使用します。

「パターンB：こってりコース」の進め方

1) パターンB：【こってり】12時間 "リプロダクション"

　全てのコースの基本となる「パターンB：こってりコース」から説明します。

1レッスンをセクションごとに、概要把握（A Paragraph chart）から始めてストーリー・リプロダクション（G Story reproduction sheet）で終えるコースです。1つのセクションに3時間を要しますので、4つのセクションからなる1つのレッスンを12時間で終了します。授業にかかる時間の目安は以下の通りです。

【1時間目】

A Paragraph chart：目的は英語が苦手な生徒でも取り組めるトップダウンの理解
- 授業内で取り組み、辞書の使用は不可
- 完成したチャートをペアでお互いの用紙を見ずに口頭で確認→クラス全体で確認

B Summary sheet：目的は知っている単語を基に推測しながら読む力の向上
- サマリーは100字程度の日本語でまとめる
- 取り組み段階で辞書の使用は不可とし、ストーリーを推測する力を伸ばす（サマリーと言うよりはゲーム感覚で推測する楽しみを与える）
- 4人グループでサマリーを述べ合う→全体でシェア
- サマリーを述べ終わって初めて辞書が使える。調べられる単語は10表現以内

C Comprehension sheet：目的は本文の内容理解
- 個人単位で解答し、ペアで"口頭で"答えを確認する
- 指名されたペアで問題と答えを板書する→別の指名されたペアが板書された答えを添削する
- クラス全体で答えを確認する（間違いと正解は生徒から引き出す）

【2時間目】

D Vocabulary scanning sheet：目的はチャンクで前から英語を処理する力の向上
- 与えられた日本語と語数を見て、英語の表現を抜き出す（できるだけ速いスピードで前から処理させる）
- 生徒同士で口頭で答えを確認させる（日→英）
- 語彙定着活動（※Sは生徒1人、Ssは全生徒、Tは教師）

（ペアで日本語から英語へ(S/S)、英語から日本語へ(S/S)、答える生徒がワークシートなしで英語から日本語へ(S/S)、日本語から英語へ(S/S)など）

E Reading practice sheet：目的は英語の構造や文法、音声とその意味を結びつけ、インテイクを図ること

・左側に英語、右側に日本語が書かれたType Aと日本語を見て英文にスラッシュを入れていく Type Bがある（スラッシュ入れはできるだけ速いスピードで取り組ませる）

・"多種多様な"音読練習

教師対生徒でリピーティング(T/Ss)、日英リピーティング(T/Ss)、ペアでリピーティング(S/S)、日英リピーティング(S/S)、オーバーラッピング(T/Ss)、バックトゥバック(S/S)、最速読みで競争(Ss)、クレイジーリーディング（最速バージョン、緩急バージョン）(T/Ss)、シャドーイング(T/Ss, S/S)、サイトトランスレーション（英日、日英）(S/S)、同時通訳(S/S)など

※生徒のノリを見ながら、これらの読みを取捨選択して練習する

※バックトゥバック：背中をつけて逆向きで交互に大きな声を出す読み

※クレイジーリーディング：声色を変え緩急をつけた読み

【3時間目】

F Dictation sheet：目的は教科書を読み込ませ、英語の構造や文法、語彙の定着を図ること

・CDを2回流し空欄を埋める→ペアで交換し採点

G Story reproduction sheet：目的はアウトプットを通じた英語の基礎定着

・与えられた10個のキーワードを使い本文の内容を再生する

・口頭で内容を再生する（個人で1回→ペアで3回）

・英文を書いて内容を再生する（個人で10分）

・教科書を見て各自で赤ペンで添削→教科書を見て教師に添削してほしい部分に下線

・教師が下線部分のみ青ペンで添削

2) 1時間目の授業手順

以下は教科書本文からの引用です。

『CROWN English communication Ⅱ』（平成26年度版、三省堂）教科書本文
Lesson 1 A Boy and His Windmill Section 4

William's windmill has brought fame and money, as well as electricity, to his family. But progress is not only a matter of technology; it is also a matter of education and how people think. William's village is still poor; there are still not enough schools; the people still prefer magic and witchcraft to science.

Some villagers are angry about the family's wealth and fame. Others think that the windmill is blowing away the clouds that bring much needed rain to the dry land. Some even think windmills are witchcraft.

But William keeps on building. Now he has plans to build windmills to bring not only electricity but also water to the whole village. Then, he wants to build more windmills for other villages across the country.

William is part of a generation of Africans who are not waiting for the government or aid groups to come to their rescue. They are finding solutions to their own problems.

A Paragraph chart

A Paragraph chart（73ページWS01参照）は生徒各自が辞書を使わずに完成させます。続いてペアでお互いの答えを確認します。ここでは、お互いのワークシートを見せ合うのではなく、口頭で確認します。

生徒同士のやりとりは次のようになります。Student Aがすでにワークシートに書かれてある英文を読み、Student Bが（　　）に自分で書き込んだ語句（下の例であれば下線部の語句）を読みます。お互いの答えが一致しない時には、ペアで教科書に戻ってどちらの答えが正しいのか確認します。このように生徒同士で答えを確認した段階でほとんどのペアが正解に到達することができます。

Student A: William's windmill brought fame and ...

Student B: ... money.

Student A: Progress is not only a matter of ...

Student B: ... technology.

Student A: ... but also a matter of ...

Student B: ... education and how people think.

　次に教師対生徒全員で答えを確認します。生徒同士のやりとりと同じ要領です。

Teacher: Let's check the answers.

　　　　　William's windmill brought fame and ...

Students: ... money.

Teacher: Progress is not only a matter of ...

Students: ... technology.

Teacher: ... but also a matter of ...

Students: ... education and how people think.

　教師は生徒からワークシートの（　　　）に入る部分（下線部の語句）を引き出していきます。

　次のやりとりは生徒が理解していない可能性のある語句、"witchcraft" と "prefer" の意味を生徒から引き出すために実際に授業で行われたものです。

Teacher: People prefer ...

Students: ... magic and witchcraft.

Teacher: Do you know the meaning of witchcraft?

Students: ... maho ...

Teacher: Maho or majyutsu.

　　　　　By the way, do you know the meaning of "prefer?"

Students: ... naninani wo konomu.

Teacher: People prefer magic and witchcraft to science.

　　　　　So, which do they like better, magic and witchcraft or science?

Students: Magic and witchcraft.

Lesson 1　A Boy and His Windmill　Section 4

A　Paragraph chart

Read the passage and fill in the missing words.
No dictionary!

1st paragraph

William's windmill brought ⇨ fame ＋ (　　　　　　　　　)

Progress ＝ not only a matter of (　　　　　　　　)

　　　　　 but also a matter of (　　　　　　　　　　)

　　　　　↓　実態は？

　William's village ＝ (　　　　　　　　)

　　　　↓　それがわかるのは？

not enough (　　　　　　) ＋ prefer (　　　　　　　　) to science

2nd paragraph

Some villagers ⇨ (　　　　) about the family's (　　　　　　)

Others ⇨ windmill ＝ blowing away the (　　　　　　　)

　　　⇨ windmill ＝ (　　　　　　　　　)

3rd paragraph

　　　　↓　but

William keeps on building

　　　　↓　his plans

①　to build windmills to (　　　　　　　　) to the whole village

②　to build more windmills for (　　　　　　)

4th paragraph

William's generation of Africans

　　　　↓　特性は？

①　not depend on (　　　　　　　　　　)

②　finding solutions to (　　　　　　　　　)

B Summary sheet

　B Summary sheet（75ページWS02参照）は辞書を使わずに100字程度の日本語でサマリーを完成させます。この作業が終わって初めて辞書を使うことができますが、辞書を引くことができるのは10個の表現までと限定しています。

　続いて4人1グループで各自の日本語によるサマリーを共有します。それぞれの生徒が各自のサマリーを述べた後で、他の3人の生徒が疑問点を質問します。ここでも、お互いのワークシートを見せ合うのではなく、口頭でサマリーを伝え合います。このサマリーを共有する活動を通じて生徒は自分自身の教科書本文の理解と他のグループメンバーとの内容理解の違いに気付き、もう一度教科書に戻って内容を確認したり、他の生徒に英文の意味を確認したりします。

　続いて、クラス全体での何名かの生徒のサマリーを共有します。自主的に発言したい生徒に当てることを基本としていますが、自ら手を上げない控えめな生徒に発言させたい時には、その生徒のサマリーの発表をモニターしながら褒めて自信を付けさせておき、クラス全体で共有する際に指名します。

　少し時間はかかりますが、次のような方法でサマリーを共有する取り組みも行われています。

　4人グループで各自のサマリーを共有したら、最も優れた発表者と評価者（発表の内容と態度の優れた点を述べる人）を選びます。4人グループを2つ合体させ8人のグループを作ります。先ほど4人グループで選ばれた発表者2人の発表後に、それぞれの評価者が発表の内容と態度の優れている点について意見を述べた後、より優れた発表者を選びます。40人学級であればこの時点で5人の発表者と5人の評価者が選ばれています。最後はクラス全体で5人の発表を共有します。また、この5人の発表者のサマリーを共有したら、評価者がコメントを述べます。評価者を置いた理由は発表を積極的に聞かせるためでしたが、最近は評価者のコメントの質もグレードアップし、楽しい雰囲気で授業をしています。

B　Summary sheet　(No dictionary!)

Summarize the passage within 100 Japanese characters.

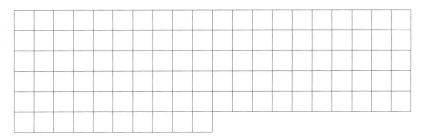

Pick up the English expressions you don't know. You are not allowed to choose more than 10 expressions.

English expressions	Japanese

Student number _____ Name _____

C Comprehension sheet

C Comprehension sheet（78ページWS03参照）で本文の内容理解を図ります。英語の質問に英語で答える形式です。授業では生徒同士が答えをペアで確認し合います。Student Aが、ワークシートに書かれてある質問を読み、Student Bはその質問に対して自分が書いた英文を読んで答えます。相手の答えに納得すれば、次の質問に移ります。もし相手の答えが間違っていると判断した場合には、ペアで質問の意味を再確認し、その答えの元となる情報が書かれてある場所を探します。質問ごとに順番を交換しながら全ての質問の答えをペアで確認します。

生徒のやりとりは次のようになります。

Student A: Has William's windmill brought money to the whole of his village?
Student B: No, it hasn't.

このようにして全ての解答を終えたら、指名されたペアは質問の英文とそれに対する答えを板書します。質問の英文を板書する際にワークシートの指示通りに主語を○で囲み、動詞に下線を引きます。次に指名された別のペアが、板書された答えを添削します。答えが正しいと判断したら○を付け、間違っていると判断したら正しい答えに直します。

全体での答えの確認は、教師が板書された質問を読み、生徒全員が板書された答えを読みます。次にペアでその答えが正しいかどうかを判断します。

授業での教師とクラス全体のやりとりは次のようになります。教師も生徒も授業に慣れてくると、ただ質問に英語で答えるだけでなく本文の内容理解が深まるように、下線部が引かれた部分のようなやりとりができるようになります。

Teacher: Has William's windmill brought money to the whole of his village?
Students: No, it hasn't.
Teacher: His village was still ...
Students: ...
Teacher: Was his village rich or still poor?
Students: ... poor.
Teacher: So, his village was still poor.

ワークシートは答えの確認だけでもいいと思いますが、前述のように慣れてくると本文の内容理解が深まるようなやりとりが自然に行われます。

　また、生徒の間違いの多くは教科書から直接抜き出すことにより、質問の英文に対して主語と動詞が一致していないものです。このような場合は、質問文を板書した時に主語に付けた○と動詞に引いた下線が正しいかどうかペアで確認させてから、ペアで再び解答を考えるように促すと、自力で正解にたどり着くことが多いです。実際に自力で答えを導き出せないような場面はほとんどありませんが、解答の内容が不十分なことがあります。

　次のやりとりは生徒の解答が不十分だったために再度生徒に答えを考えさせている場面です。生徒の板書は次のようなものでした。

2. What does (the author of this passage) say about progress?

　It is not only a matter of technology. It is also a matter of education.

　この解答の最後の部分の情報が不足しています。educationの後にhow people think という情報を加えさせるために次のようなやりとりが行われました。

Teacher: Is this answer correct?

Students: ...

Teacher: Please talk about the answer with your partner.

（生徒がペアで答えを再確認する）

Teacher: Is this sentence correct?

Students: ...

Teacher: Actually if you put some information here, your answer will be much better.

（教師が黒板のeducationの後を指さしながら）

　　　　　... education and ... and ...

　　　　　OK, talk about the answer with your partner.

Students: ... how people think ...

Teacher: ... education and how people think.

　　　　　The first answer was OK, but your answer became much better.

C Comprehension sheet

(1) Circle the subject and underline the verb of each question.
(2) Read the text and underline the parts which include the answer to each question.

1. Has William's windmill brought money to the whole of his village?

2. What does the author of this passage say about progress?

3. What problems does William's village have?

4. Do all of William's neighbors understand the value of what he did?

5. What does William plan to do for the whole village?

6. Does William plan to build windmills only in his village?

7. What are William and other young people trying to do in Africa?

3 2時間目の授業手順

D Vocabulary scanning sheet

　生徒は該当する教科書のページを開き机の左側に置きます。机の右側に置いた Ⓓ Vocabulary scanning sheet（82ページWS04参照）の与えられた日本語と語数を見て、英語の表現を抜き出します。「名声とお金をもたらしてきた」と「5語」という情報から、"has brought fame and money" をスキャンしてワークシートに書き込みます。この時に注意しなければならないのは、できるだけ速いスピードで取り組ませることです。慣れてくると速い生徒であれば6分程度、平均的には8分程度、遅い生徒でも10分程度で抜き出すことができるようになります。

　教師はストップウオッチを持ち、"6 minutes"、"8 minutes"、"10 minutes" と生徒に時間を伝えて、できるだけ速く取り組む雰囲気を作ります。10分たったら、終わっていても終わっていなくても、解答をやめさせます。

　答え合わせはペアで口頭で行います。まず、片方の生徒が日本語を読みます。もう片方の生徒は日本語に該当する抜き出した英語の表現を口頭で述べます。生徒には表現5つごとに役割を替えるように指示しています。

Student A:「名声とお金をもたらしてきた」
Student B: "has brought fame and money"

　このようにペアで答えをチェックしていく段階で、もしお互いの答えが合わなければ、教師が何も言わなくても教科書に戻って生徒同士で確認しています。生徒同士の答え合わせが終わったら、教師とクラス全体で答えの確認をします。要領は生徒同士の確認と同じです。生徒の発音をよく聞いて、きちんと発音できていない部分は、教師に続いてリピーティングさせながら正しい発音を体に染み込ませていきます。

Teacher: 名声とお金をもたらしてきた。
Students: has brought fame（[fɑːrm]と発音）and money
Teacher: fame（[fɑːrm]と発音）?
Students: ...
Teacher: Check the pronunciation with your partner.

（ペアで辞書なしで発音を推測する）

Teacher: OK, let's pronounce the word all together.

Students: ... fame [feim].

Teacher: Yes. fame [feim].

Students: ... fame [feim].

Teacher: ... has brought fame [feim] and money

Students: ... has brought fame [feim] and money

　一通り答えを確認した後は、生徒同士で語彙定着活動を行います。ペアで日本語から英語へ、英語から日本語へ、答える生徒がワークシートを見ないで聞いた英語を日本語へ、答える生徒がワークシートを見ないで聞いた日本語を英語へなどを繰り返し行います。ワークシートを見ないで行う場合、相手の生徒が答えられない時にはヒントを出してあげるように指示しておきます。そして、この後に続くE Reading practice sheetを一目見た時に、ここで練習した語句の意味でつまずかないようにしておくことで、読みの練習も苦にならなくなるようです。

E Reading practice sheet

　E Reading practice sheet（83、84ページWS05、06参照）を使ってさまざまな音読練習を行います。E Reading practice sheetは2種類のものを使っています。教科書のデータに付属してくるのはType Aの形式です。Type Bは、日本語に付けられたスラッシュを見ながら高速で英文にスラッシュを入れて、自分でE Reading practice sheetを完成させるタイプです。平成25年度に入学した生徒には1年生の時にType Aを、2年生の時にはType Bを与えました。

　音読練習にはかなり時間を割きます。家庭の音読練習を義務化しても取り組みには当然温度差があるため、全ての生徒の技能を上げることは保証できません。ですので、授業中に生徒を飽きさせないように、多種多様な音読練習をします。50分授業の30分程度時間をかけることも珍しくありません。音読練習の順番に決まりはありません。生徒の様子を見ながら飽きさせないように次々に音読練習を行います。TANABU Modelでよく行われる音読練習を紹介します。

● リピーティング（英語→英語）

　スラッシュごとに教師（生徒）が読んだ英文（あるいはCDの音声）を生徒が繰り返す

● 日英リピーティング（日本語→英語）

　スラッシュごとに教師（生徒）が読んだ日本語を生徒が英語で繰り返す

● バックトゥバック（英語）

　生徒同士がペアで背中をくっつけて、スラッシュごとに交互に英文を読む

● スピードリーディング

　生徒に理解可能な最も速いスピードで音読させる。立たせて行い読み終わったら着席させると生徒の読みのスピードが一目瞭然

● クレイジーリーディング（最速バージョン）

　ALTが可能な限り早口でスラッシュごとに英文を読み、生徒はそれをまねてリピーティングする

● クレイジーリーディング（緩急バージョン）

　ALTが緩急と高低をつけて声色を変えてスラッシュごとに英文を読み、それをまねてリピーティングする

● オーバーラッピング

　CDの音声に合わせて英文を読む

● シャドーイング

　CDの音声をシャドーイングする。生徒同士で行うこともある（Reading practice sheetを見てはシャドーイングにならないので注意）

● サイトトランスレーション（英語→日本語）

　ペアで片方の生徒がスラッシュごとに英語を読み、もう片方の生徒はワークシートを見ないで日本語にしていく

● サイトトランスレーション日英バージョン（日本語→英語）

　ペアで片方の生徒がスラッシュごとに日本語を読み、もう片方の生徒がワークシートを見ないで英語にしていく

● 同時通訳（英語→日本語）

　ペアで片方の生徒がスラッシュで切らずに少しゆっくり英文を読み、もう片方の生徒が日本語にしていく

Vocabulary scanning sheet

Scan the passage as fast as possible and find the English expressions which correspond to the Japanese counterparts.

語句	語数	意味
	5語	名声とお金をもたらしてきた
	4語	電気と同様に（電気だけでなく）
	8語	進歩は科学技術の問題だけではなく
	6語	それはまた～の問題でもある
	5語	教育と人々の考え方
	6語	科学より魔術や呪術を好む
	4語	怒っている村人がいる
	6語	その家族の富と名声に関して
	2語	～と考える人たちもいる
	7語	風車が雲を吹き飛ばしている
	5語	非常に必要とされている雨をもたらす
	4語	乾いた土地に
	3語	～と考えさえする人たちもいる
	4語	ウィリアムは作り続けている
	5語	電気をもたらすためだけでなく
	3語	水もまた
	4語	村全体に
	3語	他の村々のために
	3語	国中の
	6語	アフリカ人の世代の一部
	4語	待っていない
	8語	政府あるいは援助団体がやってくる
	3語	彼らの救済へ
	4語	彼らは解決策を見つけつつある
	4語	彼ら自身の問題への

E Reading practice sheet Type A

William's windmill has brought fame and money,	ウィリアムの風車は名声とお金をもたらした
as well as electricity,	電気とともに
to his family.	彼の家族に
But progress is not only a matter of technology;	しかし、進歩は技術の問題だけではない
it is also a matter of education	それはまた教育の問題でもある
and how people think.	そして人々の考え方（の問題）
William's village is still poor;	ウィリアムの村はまだ貧しい
there are still not enough schools;	十分な学校はまだない
the people still prefer magic and witchcraft	人々はまだ魔術や呪術を好む
to science.	科学より
Some villagers are angry about the family's wealth and fame.	その家族の富と名声に怒っている村人がいる
Others think that the windmill is blowing away the clouds	風車が雲を吹き飛ばしていると考える人々もいる
that bring much needed rain to the dry land.	乾燥した土地に非常に必要とされている雨をもたらす（雲）
Some even think windmills are witchcraft.	ある人たちは風車が呪術だと考えさえする
But William keeps on building.	しかしウィリアムは作り続けている
Now	現在
he has plans to build windmills	彼は風車を作る計画を持っている
to bring not only electricity	電気だけでなく
but also water to the whole village.	村全体に水ももたらす
Then,	次に
he wants to build more windmills	彼はさらに多くの風車を作りたい
for other villages across the country.	国中のほかの村々のため
William is part of a generation of Africans	ウィリアムはアフリカ人の世代の一員だ
who are not waiting for the government or aid groups	（彼らは）政府や援助団体を待っていない
to come to their rescue.	彼らの救援に来るのを
They are finding solutions to their own problems.	彼らは自分たち自身の問題の解決策を見つけている

第5章

出典：『CROWN English Communication II』（平成26年度版、三省堂）

E Reading practice sheet Type B

Read the Japanese and put the slashes into the English passage.

ウィリアムの風車は名声とお金をもたらした / 電気とともに / 彼の家族に // しかし、進歩は技術の問題だけではない / それはまた教育と人々の考え方の問題でもある // ウィリアムの村はまだ貧しい / 十分な学校はまだない / 人々はまだ魔術や呪術を好む / 科学より //

William's windmill has brought fame and money, as well as electricity, to his family. But progress is not only a matter of technology; it is also a matter of education and how people think. William's village is still poor; there are still not enough schools; the people still prefer magic and witchcraft to science.

怒っている村人がいる / その家族の富と名声に // 風車が雲を吹き飛ばしていると考える人々もいる / 乾燥した土地に非常に必要とされている雨をもたらす // ある人たちは風車が呪術だと考えさえする //

Some villagers are angry about the family's wealth and fame. Others think that the windmill is blowing away the clouds that bring much needed rain to the dry land. Some even think windmills are witchcraft.

しかしウィリアムは作り続けている // 現在 / 彼は風車を作る計画を持っている / 電気だけでなく / 村全体に水ももたらす // 次に / 彼はさらに多くの風車を作りたい / 国中のほかの村々のため //

But William keeps on building. Now he has plans to build windmills to bring not only electricity but also water to the whole village. Then, he wants to build more windmills for other villages across the country.

ウィリアムはアフリカ人の世代の一員だ / 彼らは政府や援助団体を待っていない / 彼らの救援に来るのを // 彼らは解決策を見つけている / 自分たち自身の問題への //

William is part of a generation of Africans who are not waiting for the government or aid groups to come to their rescue. They are finding solutions to their own problems.

出典：『CROWN English Communication II』（平成26年度版、三省堂）

4 3時間目の授業手順

F Dictation sheet

　F Dictation sheet（86ページWS07参照）を使いディクテーションテストを行います。CDを2回流している間に生徒は音声を聞きながら、ワークシートの空所を埋めていきます。

　採点はペアで交換して教科書を見ながら行います。採点では間違っている単語は正しく直してあげます。採点が終わったらワークシートを本人に返却し自分の間違いと点数を確認してから回収します。採点者が訂正まで行うのは、ペアの相手（採点者）の手を煩わせたくないと考える生徒が多いので、事前学習を促すからです。

G Story reproduction sheet

　G Story reproduction sheet（87ページWS08参照）では、与えられた10個のキーワードを使い本文の内容を再生します。最終的にはワークシートに再生した英文を書いていきますが、いきなり書くのはハードルが高過ぎて生徒がこの活動を嫌いになってしまう可能性がありますので、次のような手順で無理なく書けるように導いていきます。

　個人で1回本文の内容を口頭で再生します。生徒は各自のペースで本文の内容を思い出しながら自分の言葉で再生します。本文の英文を暗記するほど読み込んで、本文通りに再生しようとする生徒が出てきますが、「これはレシテーションコンテストではなくて、本文の内容を自分の言葉で伝えようとするプロセスの繰り返しで英語脳を作る」ということを生徒が納得できるように伝えます。

　次にペアで本文の内容を口頭で再生し合います。1分ごとに話す順番を交換して、1つのストーリーをペアで再生します。この活動は立って行わせると、終わったペアが着席しますので一目瞭然です。この後2回ペアを変えて、全部で3回再生すると、徐々に流ちょうになり、再生する時間が短くなっていきます。

　10分でワークシートに英文を書いて本文の内容を再生します。8分経過した時点で残り2分であることを生徒に伝えます。生徒は書き終わったら、キーワードを○で囲み、使用したキーワードの数と再生した英文の総単語数を数えて、ワークシートに記入します。

F Dictation sheet

Listen to the passage and fill in the blanks.

William's windmill has (   ) fame and money, as well as electricity, to his family. But (   ) is not only a matter of technology; it is also a matter of (   ) and how people (   ). William's village is still poor; there are still not enough schools; the people still (   ) magic and (   ) to science.

Some (   ) are (   ) about the family's wealth and fame. Others think that the windmill is (   ) away the clouds that bring much needed rain to the (   ) land. Some even think windmills are witchcraft.

But William (   ) on building. Now he has (   ) to build windmills to (   ) not only electricity but also water to the whole village. Then, he wants to (   ) more windmills for other villages across the country.

William is part of a (   ) of Africans who are not waiting for the (   ) or aid groups to come to their (   ). They are_____.

※配点：(   ) は1点、下線部は3点とする。

Student number _____   Name _____   Score _____ /20

G Story reproduction sheet

1. Use 10 keywords below and reproduce the story orally by yourself.

1. fame and money	2. technology
3. education	4. magic and witchcraft
5. science	6. the family's wealth and fame
7. witchcraft	8. not only ~, but also …
9. more wind mills	10. the government or aid groups

2. Reproduce the story with your partner. (×3)

3. Write down the story you produced in 10 minutes.

The number of the words I wrote is (　　　　　).
Circle the keywords and count the number of them. (　　　　　)

A=more than 80 words　B=more than 60 words　C=more than 40 words

Student number＿＿＿＿　Name＿＿＿＿＿＿＿＿＿　Score　A / B / C

　教科書を見て自分が再生した英文と教科書の内容に矛盾がないか確認します。もし、自分で間違いを見つけたら自ら赤ペンで添削します。そして、もし自分の表現に自信が持てず、教師に添削してほしい部分があれば、その部分に赤ペンや蛍光ペンで下線を引き、何が知りたいのか日本語で記入して提出します。

　教師は回収した生徒のワークシートを青ペンで添削します。生徒の再生した英文はミステイクだらけですが、生徒が下線を引いた部分以外のところには一切手を加えません。「添削のパラドックス」（48ページ参照）によると教師が添削すればするほど、生徒のモチベーションが下がるということです。それに短時間で再生した場合、私たち英語教師ですらミステイクはつきものです。生徒にも教師にもメリットのない添削の習慣と決別し、生徒が知りたいと欲している赤線部分にだけ青ペンで添削を加えます。英語の教師として生徒の間違いを無視するのはとても勇気が入ることですが、生徒のモチベーションを下げないためにも、教師の添削を持続可能にするためにもこの添削方法は有効であると考えています。

　生徒にワークシートを返却し、疑問点への回答（教師の青ペン添削）を熟読させます。もしも典型的なグローバルエラーが多くの生徒に見られる場合には、グローバルエラーを含む英文をワークシートにして生徒に配布します。生徒はペアでグローバルエラーを見つけていきますが、難しい時には見つけられるように誘導し、正しい英文を生徒から引き出してクラス全体で共有します。

「パターンA：超こってりコース」の進め方

1　パターンA：【超こってり】15時間 "パフォーマンス"

　ここから「パターンA：超こってりコース」の授業手順について解説していきます。

【1〜8時間目】
・「パターンB：こってりコース」の A Paragraph chart 〜 E Reading practice sheetまでを同様に行う
（※ F Dictation sheetと G Story reproduction sheetは扱わない）

【9時間目】
・パフォーマンステストの説明とシナリオ作成開始

【10時間目】
・シナリオ作成（ペアまたはグループで）

【11時間目】
・ペアまたはグループで練習＋ファーストドラフト提出

【12時間目】
・シナリオ改善＋ペアまたはグループで練習

【13時間目】
・リハーサル

【14・15時間目】
・パフォーマンステスト本番
　　※パフォーマンステストのワークシートは、『高校英語教科書を２度使う！
　　　山形スピークアウト方式』（金谷 憲 編著・アルク）に掲載のものをほ
　　　ぼそのまま借用しています。

2）　1〜8時間目の授業の流れ

　「パターンB：こってりコース」の【１時間目】と【２時間目】と同じ授業手順で、ワークシート囚 Paragraph chart〜E Reading practice sheetを使い、１つのセクションを２時間で終えます。セクションが４つある教科書のレッスンでは、４つのセクションを計８時間かけて、本文の内容理解を終えます。

　９時間目以降にパフォーマンステストの準備が始まります。１年生の「コミュニケーション英語Ｉ」と２年生の「コミュニケーション英語Ⅱ」ではパフォーマンステストのタスクを変えています。１年生では「トークショー」を、２年生では「ディベート」を行っています。

　90〜97ページが、１年生の「トークショー」の例で、使用教科書は、『CROWN English Communication Ｉ』（三省堂）Lesson 5 Food Bank。98〜105ページが、２年生の「ディベート」の例で、使用教科書は、『CROWN English CommunicationⅡ』（三省堂）Lesson 4 Crossing the Borderです。

3 1年生9〜15時間目の授業手順

【9時間目】

ワークシート「Lesson 5 How to Interview」（91ページWS09参照）、「Lesson 5 Interview Evaluation」（92ページWS10参照）、「Lesson 5 Interview Scenario」（93ページWS11参照）「Lesson 5 Interview Preparation Sheet」（94、95ページWS12、13参照）を配布し、生徒はパフォーマンステストの流れを読んで把握します。教師が説明することから始めるのではなくて、生徒自身に読ませてペアでパフォーマンステストの内容を確認させてから、不明な点をクラス全体で共有するようにしています。

「Lesson 5 How to Interview」に従って、生徒はペアでCharles E. McJiltonへの質問を5つ考えます。そのうちこれはと思う質問を1つだけ板書します。40人のクラスであれば20の質問が板書されることになります。その質問を全体で共有し、同じような内容の質問はまとめておき、どの質問を選ぶか投票で決めます。1人2つまで投票する権利を与え、得票数の多い質問5つを選びます。

平成25年度のあるクラスでは次の5つの質問を選びました。

What was missing inside of you?

What were you surprised at when you were homeless?

What was the size of the cardboard house you lived in?

What do you think about "food?"

What kind of alcohol do you like?

"What kind of alcohol do you like?"のような教師が選んでほしくない質問を生徒は喜んで選びましたが、教師の希望ではなく生徒の感性を大切にします。5つの質問が決まれば、「Lesson 5 Interview Preparation Sheet」（94、95ページWS12、13参照）を使ってペアでシナリオ作成を開始します。評価方法は157ページ参照。

【10時間目】

ペアでシナリオ作成を行います。

Lesson 5　How to Interview

ペアでトーク番組の司会者役と Charles E. McJilton 役で番組収録を行う。見ている生徒は収録を見に来た客になり、雰囲気作りを行う。

（ビデオ撮影あり）

1.　ペアで Charles E. McJilton への質問を５つ考える。

2.　その際、<u>インターネットで調べないと答えがわからないようなものではなく、教科書の英文から答えを導くことができるような質問を考える</u>。ただし、「その時の心情は」などの質問も英文から想像できるものとして質問に入れてもよい。

3.　ペアで考えた質問をクラス全体で出し合い、<u>**５つの質問に絞る**</u>。

4.　ペアで司会者とMcJiltonを分担し、原稿を作成する。司会者役は、必ず<u>**McJiltonの経歴を３文以上で簡単に紹介してから**</u>質問すること。質問に対する答えは、<u>**一言だけでなく説明を加えること**</u>。

5.　発表は質問を考えたペアとは違う組み合わせで行う。

6.　McJilton は質問カード１～５から３枚選び、司会者はそのカードの質問をする。司会者役は、McJilton の答えに "Really?" などの反応をすること。<u>また相手が言ったことを繰り返すこと</u>。

例：Charles E. McJilton: I was born in the United States.
　　Host: Oh, the States? (You were born in the States? / Born in the States?) Really?　反応と繰り返しはどちらが先でもよい。

Lesson 5 Interview Evaluation

原稿（役割によって分量が変わるため、Content のみを評価）

Grade	Score	Content
A	5	McJilton役：3つの質問に答え、質問に対し、一言だけでなく説明を加えている。また、**その説明が興味を引くものである。自分の表現である。** 司会者役：McJiltonの経歴について、3文以上の説明があり、**本文の抜き出しが少なく、分かり易くなるよう工夫されている。**
B	3	McJilton役：3つの質問に答え、質問に対し、一言だけでなく説明を加えている。**ただし、自分の表現ではなく抜き出しに頼っている。** 司会者役：McJiltonの経歴について、3文以上の説明があるが、あまり工夫されていない。
C	1	McJilton役：3つの質問に全て答えていない、または質問に対し、一言だけでしか答えていない。 司会者役：McJiltonの経歴について、3文以上の説明がない、または分かりにくい。

発表（司会者役と作家役で評価方法が異なる点がある）

1. 聞き手を意識し、また本文の内容を自分のものにしているか

Grade	Score	
A	5	話す相手を見て話し、感情を込めている。（意味のまとまりでポーズをとっている）
B	3	話す相手を見て話しているが、棒読みだったり、意味のまとまりでない部分でも区切っている。
C	1	メモを何度も見る／原稿がないと発表できない。

2. 声量は適切か

Grade	Score	
A	5	教室の後ろ（スタジオのお客さん全体）に聞こえる大きさである。
B	3	話している二人の間でやりとりができるくらいの声の大きさである。
C	1	目の前の相手にも聞こえないときがある。

3. 司会者の繰り返しができているか

（この点については司会者のみ評価する。司会者はゲストの答えに反応し、さらに答えを繰り返す）

Grade	Score	
A	5	反応と繰り返しが3つともできている。
B	3	反応と繰り返しが2つはできている。
C	1	反応と繰り返しが1つはできている。

◇ McJilton　1. を2倍の点数にしたものと2. の点数を足して、15点満点とする。
◇司会者役　1. ～3. の合計で15点満点とする。

Lesson 5 Interview Scenario

H: Talk Show Host   C: Charles E. McJilton   A: Audience

（司会者役は座っている。Charles E. McJilton 役は部屋の外で待機。他の生徒は観客になり番組を盛り上げる。）

H: I'd like to welcome Mr. Charles E. McJilton to the show.
（司会者役は、スタジオの観客に話しかける場合、向きを変えるなど、状況にふさわしい進め方をすること）

(Charles E. McJilton enters)

A: (Claps)

H: It's a pleasure to interview you today.

C: The pleasure is all mine.

H: I was so impressed by 活動内容 _____ .

    It is outstanding!

C: Thank you.

H: Charles E. McJilton の紹介 (more than three sentences)

    Now I'd like to ask you three questions.

(Charles E. McJilton chooses three out of five cards.) Charles E. McJilton 役はカードを３枚引いて相手に見せる。司会者役はそのカードを使用して、Charles E. McJilton 役に質問する。

H: First (Second / Lastly), _____ ?

C: Well, _____ .

H: (That's interesting. / That's a surprise. / Oh, really? / That's cool!)

    ↑相手の答えに応じて使うこと。**その後、相手の言ったことを繰り返す。** ← 忘れがちです！

◎ ３つ繰り返せたら A

◎ Charles E. McJilton の答えにさらに質問をアドリブで加えれば A+

◎ Charles E. McJilton がそのアドリブに答えられたら A+

    司会者役の挑戦によって２人とも評価が上がります！

例) H: Could you tell me the reason why you came to Japan?

      C: I came to Japan to find a new way of life.

   Host: A new way of life? That's interesting.

       What did you learn in Japan? (← さらに質問すれば A+)

   Host: I learned how to be kind. （答えられたら A+）

H: Thank you for coming today.

C: You're welcome (No problem). Nice talking with you.

H: （スタジオの観客に向かって）

    One more time for Charles E. McJilton.

A: (Loud applause)

第
5
章

Lesson 5 Interview Preparation Sheet

H: Talk Show Host　　　C: Charles E. McJilton　　　A: Audience
(司会者役は座っている。McJilton 役は部屋の外で待機。他の生徒は観客になり番組を盛り上げる。)

H: I'd like to welcome Mr. Charles E. McJilton to the show.
(司会者役はスタジオの観客に話しかける場合、向きを変えるなど状況にふさわしい進め方をすること)

(Charles E. McJilton enters)

A: (Claps)

H: It's a pleasure to interview you today.

C: The pleasure is all mine.

H: I was so impressed by 活動内容_____.
　　It is outstanding!

C: Thank you.

> Charles E. McJilton の紹介
> H:　(3文以上)
> _____
> _____
> _____
> _____
> _____

H: Now I'd like to ask you three questions.
(Charles E. McJilton chooses three out of five cards.) Charles E. McJilton 役はカードを 3枚引い
て相手に見せる。司会者役はそのカードを使用して、Charles E. McJilton 役に質問する。

> 一つ目の質問の対話
> H: _____
> C: _____
> _____
> _____
> _____
> _____
> _____

> 二つ目の質問の対話
> H: _____
> C: _____
> _____
> _____
> _____
> _____

三つ目の質問の対話
H:
C:

四つ目の質問の対話
H:
C:

五つ目の質問の対話
H:
C:

H: Thank you for coming today.

C: You're welcome (No problem). Nice talking with you.

H: （スタジオの観客に向かって）

　　One more time for Charles E. McJilton.

A: (Loud applause)

生徒番号　　　　　　氏名　　　　　　　　　　　　役割　　H　/　C

生徒番号　　　　　　氏名　　　　　　　　　　　　役割　　H　/　C

第 5 章

【11時間目】

　ペアでトークショーのシミュレーションをしながらシナリオの作成を続けます。この時間でシナリオを完成させ、ファーストドラフトを提出します。

【12時間目】

　教師はファーストドラフトの添削を返却します。コミュニケーション上意味が通じないようなグローバルエラーは直しますが、それ以外には触れません。ただし、同じミステイクやコミュニケーション上、改善したい点が見られたので、生徒のファーストドラフトを基に、ワークシート「Frequently Made Mistakes & Advice」（97ページWS14参照）を作り、各ペアが答えを発見する形でクラス全体にフィードバックしました。生徒は返却されたワークシートを参考にしてシナリオを推敲し、ペアで練習を繰り返します。

【13時間目】

　ペアの相手を替えて時間の許す限りリハーサルを行います。練習を繰り返すことでだんだん流ちょうに話せるようになり、自信がついていきます。

【14時間目】

　パフォーマンステストの前半では、クラスの半数である10ペア20人のパフォーマンステストを行います。お互いに誰と当たるかは、直前まで公表しません。当然リハーサルで練習した相手とは当たらないように組み合わせを決めてテストをします。ですから、本番はとてもいい緊張感を持ってパフォーマンステストに臨むことができます。

　トークショーの雰囲気を出すために、デジタルビデオカメラでパフォーマンステストの様子を撮影します。これは雰囲気作りと翌年の生徒たちが映像を見てイメージを湧かせることができるようにするための記録で、後から映像を見て採点を行うためのものではありません。そのようなことをしたら膨大な時間と労力がかかり持続困難になってしまいますので、教師の評価は授業の中で終わらせます。生徒も観客を演じながら相互評価を行いますが、生徒の評価は成績には入れません。

【15時間目】

　後半の10ペア20人のパフォーマンステストを行います。

Frequently Made Mistakes & Advice

ミステイクの例

質問：What were you surprised at when you were homeless?

× I was surprised at my neighbors did not lose hope.

◯ I was surprised that ～.
※アドバイス→ at の後ろには何が続きますか？

アドバイス

質問：What was the size of the cardboard house you lived in?

△ 具体的な大きさで終わる答えが多い

◯ 具体的に住み心地の情報などを付け加える
※日常会話は Yes/ No や答えに「プラス α」の情報が伴います。

質問：What do you think about "food?"

△ Food is life.

◯ Food is life because ～.
※意見を述べるときには、必ず理由も添えるようにしましょう。

④ 2年生9〜15時間目の授業手順

【9時間目】

　ディベートは4人1チームで行いますので、40人クラスであれば10チームできます。「Lesson 4 Debate Preparation Sheet 1」（99ページWS15参照）、「Lesson 4 Debate Preparation Sheet 2」（100ページWS16参照）、「Lesson 4 How to Debate」（101ページWS17参照）、「Lesson 4 Debate Evaluation」（102ページWS18参照）、「Lesson 4 Debate Judging Sheet」（103ページWS19参照）、「Debate 進行表」（104ページWS20参照）を配布し、これらのワークシートを読み込んで生徒はパフォーマンステストの全体像を把握します。

　ディベートの場合もトークショーの場合と同じように、教師が流れを説明することから始めるのではなくて、生徒自身に読ませて理解させ、次にペアで内容を確認させてから、不明な点をクラス全体で共有するようにしています。

　次に各グループが肯定側、否定側のどちらの立場を取りたいか希望を募ります。10チームありますので、5チームが肯定側、5チームが否定側になるように調整します。

　調整が終わったら、「Lesson 4 Debate Preparation Sheet 1」を使って、各自のディベートにおける役割を決め、チームの主張とそれをサポートする英文を考えます。次に「Lesson 4 Debate Preparation Sheet 2」を使って、相手が言ってくるかもしれないポイントとそれをサポートする英文を考え、それに対してどう反論するか考え英文にしていきます。

　以上の作業をグループで終えたら、「Lesson 4 How to Debate」を参考にして各自の役割に基づいて一人一人が想定されるシナリオを書いていきます。評価方法は160ページ参照。

【10時間目】

　簡単なトピックを与え、ディベートの練習をして課題を見つけ、本番に向けての理解を深めます。

【11時間目】

　各チームでシナリオ作成を続けます。

Lesson 4　Debate Preparation Sheet 1

"Dr. Kanto's decision to turn off the oxygen was right."

1. Decide each person's role. Talk about the points you found with the members of your group and choose two strong reasons that you will use in the debate.

Points for our side 自分たちの意見を表すポイント（キーワード）	Where? Part名 行数	How can we support it? 左のポイントを文にしたものとポイントを支える文章（いわゆる because や for example の部分）最低 2〜3文。余裕があれば、これに相手が反論してきそうなことにもふれる。

Class	Your side Aff. / Neg.	Role Name	Opening statement	Confirmation	Rebuttal	Final statement

第5章

Lesson 4　Debate Preparation Sheet 2

2.　Think about how to argue against the other side's ideas and take notes.

"Dr. Kanto's decision to turn off the oxygen was right / wrong."

Points for the opposing side	Where?		How can they support it? / How can we argue against it?
相手が言ってくるかもしれない ポイント	Part名 行数	Support	左のポイントを文にしたものとポイントを支えるであろう文章
		Argue	それに対してこちらはどうargue（反論）するか
		Support	
		Argue	
		Support	
		Argue	
		Support	
		Argue	
		Support	
		Argue	

Lesson 4　How to Debate

Affirmative side (Dr. Kanto's decision was right)	Negative side (Dr. Kanto's decision was not right)
Opening statement (1 min.)	
	Opening statement (1 min.)
Intermission (1 min.)	
	Confirmation (1 min.)
Confirmation (1 min.)	
Intermission (2 min.)	
Rebuttal (1 min.)	
	Rebuttal (1 min.)
Intermission (1 min.)	
	Final statement (1 min.)
Final statement (1 min.)	

※ Remember to say "thank you" when you finish speaking.
※ Each person should take at least one role.　※ 1 round → 12 min.

1. | Opening statement |　(State your own group's ideas.)
Ex)・We agree (disagree) that "Dr. Kanto's decision to turn off the oxygen was right."
　　・We think (don't think) that "Dr. Kanto's decision to turn off the oxygen was right."
　　・We have two reasons to support our ideas. First ... Second ...

2. | Confirmation |　(Repeat the other group's ideas.)
Ex)・The affirmative / negative side said that "the decision that Dr. Kanto turn off the oxygen was right / wrong."
　　・They stated two reasons. First ... Second ...

3. | Rebuttal |　(Argue against the opposite side and support your ideas.)
Ex)・We see what they mean, but ... / We see their points, but ...
　　・We disagree with them, because ...

4. | Final statement |　(Summarize your own group's ideas.)
Ex)・We agree (disagree) that "Dr. Kanto's decision to turn off the oxygen was right."
　　・We think (don't think) that "Dr. Kanto's decision to turn off the oxygen was right."
　　・We believe that "Dr. Kanto's decision to turn off the oxygen was right / wrong."
　　・Now, we will summarize our ideas. There are two main points for our side.
　　・For these reasons, we think that "Dr. Kanto's decision to turn off the oxygen was right."

☆ Please talk to the audience and try to speak loudly and clearly.

第
5
章

Lesson 4 Debate Evaluation

"Dr. Kanto's decision to turn off the oxygen was right."

発表について

1．4人グループで行う。3人グループの場合は、1人が2つを担当。（Opening と Final、
Confirmation と Final など）Rebuttal を担当する人はそれに専念する。
2．発表者は stand up して loud voice で。（発表者以外の人は発表者を助けても良いが、
代わりに話すことはできない）
3．発表を聞く側の姿勢も大切！メモを見ながらしっかり聞こう。最後に投票します。

評価基準 （グループ全体の取り組みとして評価する）

1．自分たちの意見について説明を付けて述べることができたか（Opening statement）

Grade	Score	
A	5	2つのポイントについて、理由・説明・具体例を付けて述べることができた
B	3	1つのポイントについて、理由・説明・具体例を付けて述べることができた
C	1	ポイントのみ述べることができた

2．相手の意見を聞いて理解し、繰り返すことができたか（Confirmation）

Grade	Score	
A	5	2つのポイント全て、理由・説明・具体例も付けて繰り返すことができた ※相手が1つのポイントしか述べなかった場合、1つをしっかり繰り返せれば5点（以下同様）
B	3	1つのポイントを繰り返したが、理由などを言えない点もあった
C	1	ポイントを繰り返したのみだった

3．相手のグループの意見について、説明を付けて反論することができたか（Rebuttal）

Grade	Score	
A	5	2つについて、理由・説明・具体例を付けて反論できた
B	3	1つについて、理由・説明・具体例を付けて反論できた
C	1	反対であることを表明しただけだった（反論していない）

4．自分たちの意見について説明を付けて述べることができたか（Final statement）

Grade	Score	
A	5	2つのポイントについて、理由・説明・具体例を付けて述べることができた
B	3	1つのポイントについて、理由・説明・具体例を付けて述べることができた
C	1	ポイントのみ述べることができた

※ Final statement は Opening statement とまったく同じことを言うのではなく、言い方を変えてみよう！
また、最後に言う「決めぜりふ」を用意し、ジャッジを納得させるように工夫してみよう！

Lesson 4　Debate　Judging Sheet

"Dr. Kanto's decision to turn off the oxygen was right."

	Affirmative side	文章ではなく「メモ」をとろう	Negative side
Opening statement	① ポイント: 　理由説明 ② （　　　）point(s)		1 2 （　　　）point(s)
Confirmation	相手の再現具合で√か√√を書く 1（　　　　　） 2（　　　　　） Repeat（✓）Explanation（✓✓） （　　　）point(s)		①（　　　　　） ②（　　　　　） Repeat（✓）Explanation（✓✓） （　　　）point(s)
Rebuttal	→ 1相手の1に対して反論 → 2 （　　　）point(s)		→ ① → ② （　　　）point(s)
Final statement	① 相手反論に触れ自分たちの主張を再主張 ② （　　　）point(s)		1 2 （　　　）point(s)

　　　　　↓　　　　　　　　　　　　　　↓
　　　（　　　）points　　　　　　　（　　　）points

☆ Which side was better?（ Affirmative / Negative ）side

★ more interesting, more impressive, easier to understand, had a better performance, etc.

Student number＿＿＿＿＿　　　Name＿＿＿＿＿＿＿＿＿＿＿＿＿＿＿＿

第
5
章

Debate 進行表

（チームがそろったことを確認して）
"Let's start the debate round. Is everyone ready?"

	Stage	Aff	Neg
1	**Affirmative Opening Statement (1 min.)** "We will now begin the debate. There is one minute for the Affirmative Opening Statement. Please begin."	○	
2	**Negative Opening Statement (1 min.)** "Thank you. Next, there is one minute for the Negative Opening Statement. Please begin."		○
	Intermission (1 min.) "You have one minute to prepare for Confirmation."		
3	**Confirmation (1 min.)** "It's time for the negative side to confirm the other group's ideas. You have one minute. Please begin."		○
4	**Confirmation (1 min.)** "It's time for the affirmative side to confirm the other group's ideas. You have one minute. Please begin."	○	
	Intermission (2 min.) "You have two minutes to prepare for rebuttal."		
5	**Rebuttal (1 min.)** "Let's start rebuttal. Please argue against the negative side and support your ideas. You have one minute. Please begin."	○	
6	**Rebuttal (1 min.)** "Please argue against the affirmative side and support your ideas. You have one minute. Please begin."		○
	Intermission (1 min.) "You have one minute before the final statement."		
7	**Final Statement (1 min.)** "It's time for the final statement. Negative side, please begin."		○
8	**Final Statement (1 min.)** "Affirmative side, please begin your final statement."	○	

（Audience＝Judges に向かって）
"Now it's time to judge the debate. Please finish answering your judgment sheet in one minute. You are not allowed to talk with your neighbors."

"Judges, it's time to vote. If you think the affirmative side is better, raise a blue card. If you think the negative side is better, raise a red card. Are you ready to vote?"

"OK, 3-2-1 Vote!"

"○○（得票数）students voted for the affirmative side, △△（得票数）students voted for the negative side. The winner is ○○ team. "

"Both teams did a good job. Now the debate round is over. Thank you."

【12時間目】

　各チームで練習を開始します。練習しながらシナリオを推敲します。ディベートではシナリオの提出はありませんので、授業中にたくさん質問を受け付けます。

【13時間目】

　リハーサルでは教師が司会者とタイムキーパーを務め、対戦本番前の練習を2回行います。クラスの中で全てのチームが一斉に行いますので、5つのディベートが教室で行われている状況です。1回目のリハーサルの後に、チームごとにうまくいかない部分の改善をしてから、2回目のリハーサルを行います。

【14時間目】

　この時間内に本番の1回目と2回目を行います。教師はリハーサルで対戦した相手同士が本番で当たることがないように、対戦相手をあらかじめ決めておきます。本番では司会とタイムキーパーは対戦していないチームから出します。司会は原稿を暗記する必要はありません。「Debate 進行表」を見ながら進めていきます。肯定側の5チームを1〜5、否定側の5チームを6〜10とすると、「リハーサルと本番の対戦相手と係分担」は下の表のようになります。

【15時間目】

　本番の3回、4回、5回を行います。1つのディベートは12分で終了しますが、教師のコメントや生徒の準備時間なども含めると最低15分はかかります。1時間で3つの対戦を行いますので、速やかに開始できるように指示しておきます。

リハーサルと本番の対戦相手と係分担

リハーサル1回目	1 vs. 6	2 vs. 7	3 vs. 8	4 vs. 9	5 vs.10
リハーサル2回目	1 vs. 7	2 vs. 8	3 vs. 9	4 vs. 10	5 vs. 6
本番の対戦順序	1回目	2回目	3回目	4回目	5回目
本番の対戦組み合わせ	3 vs. 10	4 vs. 6	5 vs. 7	1 vs. 8	2 vs. 9
本番の司会者	1	2	3	4	5
本番のタイムキーパー	6	7	8	9	10

「パターンC：あっさりコース」の進め方

1) パターンC：【あっさり】 4時間 "リスニング"

ここから「パターンC：あっさりコース」の授業手順について解説していきます。

【1時間目】

A Paragraph chart （107ページWS21参照）

・（英語版or日本語版）に "音声のみ" で取り組む
・2回CDの音声を聞きペアで答えを確認
・もう一度音声を聞く
・ペアで確認
・全体で解答する

D Vocabulary scanning sheet

E Reading practice sheet

【2～4時間目】

・それぞれ【1時間目】と同じ流れで行う

---

2) 1時間目の授業手順

　このコースは1セクションに1時間かけ、4セクションで構成される1レッスンを4時間で終了します。

　「パターンA：超こってりコース」や「パターンB：こってりコース」とは異なり教科書を開かずにCDの音声を聞きながら、生徒はA Paragraph chartを完成させていきます。

　『CROWN English Communication II』（三省堂）Lesson 2 Into Unknown Territoryはインタビューを扱った内容で、ALTとのチームティーチングでしたのでCDの音声を使わず、インタビュアーをALTが羽生善治氏をJTEが演じました。もし、教科書の本文が対話文でなければJTEあるいはALTが一人で教科書の本文を読んでも、CDの音声を流してもいいと思います。

Lesson 2　Into Unknown Territory　Section 1

(page 19)

A　Paragraph chart

Listen to the interview and fill in the missing words.

導　入

羽生善治とは
・最も偉大な（　　　　　　　　　　　　　　　　　　　）のひとり
・真の「（　　　　　　　　　　　　　　　　）の王様」

第1段落　将棋との出会い
When did you first learn to play shogi?

（　　　　　　　　　　　　　　　　　　　　）のとき初めて将棋を習った

どのような経緯をたどって上達した？
最初はほとんどすべての対局で負けた
　　↓
初めて（　　　　　　　　　　　　　　　）くらいたつと、徐々に勝ち始めた
　　↓
その後将棋道場に行って、（　　　　　　　　　　　　　　　）に出場した
　　↓
決勝に進めなかったが、楽しかった
　　↓
もっと（　　　　　　　　　　　　　）と思い、練習のため道場に通い始めた

第2段落　将棋のおもしろさ
What do you like about shogi?

将棋が好きな理由
・それぞれの駒が（　　　　　　　　　　　　　　）をするのがおもしろい
・対局の結果が（　　　　　　　　　　　）のどちらかでおもしろい
　　→ 結果はすべて自分の（　　　　　　　）
・負けるのは良い気持ちはしないが、将棋には（　　　　　　　　　　　　　）

A Paragraph chartは英語版を使う場合と日本語版を使う場合があります。頭の中で英語から日本語に変換する作業があるので、日本語版の方が難しいように考えていましたが、実際には生徒は日本語版の方が取り組みやすかったようです。

1年生の時に初めてこの活動をした時には英語版を使いました。何回聞かせてもあまり空所を埋めることができませんでしたので、試しに日本語版に変えてみるとすんなりパラグラフチャートを完成させていました。英語版であれば、聞いたフレーズをそのまま抜き出そうとしてディクテーションのような音声に注意を向ける活動になるようです。日本語版では聞いた英語を日本語にするので、一字一句聞き取ろうとするのではなく概要を把握しようとして聞くようです。生徒は初見の英文を聞き、概要を把握しながらワークシートの空所を埋めていくという作業をします。

2回音声を流すことにしていますが生徒の解答状況を見て、音声を聞かせる回数を増やすこともあります。

ワークシートの答え合わせはペアで行います。この段階で生徒はお互いが聞き取った内容を補い合ってストーリーを確認しています。そしてお互いに未知の空所があればどのような答えか推測していきます。

次にもう一度音声を流して、ワークシートに取り組ませることで、ペアで行った推測が正しかったかに集中して聞くことができます。最後にクラス全体でワークシートの答え合わせを行います。

解答方法は「パターンB：こってりコース」（71～72ページ参照）と同じ流れです。

D Vocabulary scanning sheetの授業手順は「パターンB：こってりコース」と同じです（79～80ページ参照）。

E Reading practice sheetの授業手順は「パターンB：こってりコース」と同じです（80～81ページ参照）。

3) 2～4時間目の授業手順

1時間目の授業手順を各セクションで行います。4つのセクションから構成されるレッスンであれば、4時間で1レッスンを終える計算になります。

「パターンD：超あっさりコース」の進め方

1　パターンD：【超あっさり】2時間 "読解力"

【1時間目】
・読解力診断テスト（20分）→生徒同士で交換して採点

【2時間目】
D Vocabulary scanning sheet
E Reading practice sheet

2　1時間目の授業手順

　「読解力診断テスト」（110～113ページWS22～25参照）に20分で取り組み、終わったら生徒同士で交換して採点を行います。生徒が採点するので、採点者の判断で点数が変わるような問題を排除し、○か×か、△や部分点は与えず、1問1点で計算します。

　採点基準について詳細に説明します。問題【1】は正誤問題ですが、(T または F)の答えが合っているだけでは点数は入りません。答え(T/F)と判断した根拠となる英文に下線が引かれ、かつ問題番号が書かれていて正解となります。

　例えば、問題【1】Section 1　1. Germany beat Australia. (T)と、(1)Paul predicted that Germany would beat Australia; Paul was right. が両方できていて正解とします。12. Paul also predicted the winner of the women's World Cup in 2011. (F)のように、問題によっては本文に記載がないためにFと判断するものもあります。

3　2時間目の授業手順

　D Vocabulary scanning sheetの授業手順は他の3コースと変わりませんが、各セクションの分量を半分程度に減らし、セクション1とセクション2で1ページ、セクション3とセクション4で1ページの分量にしています。分量が少なくなると日本語で与えられた英語の表現をスキャンしていく間隔が広くなりますので、他のコースよりも脳にかかる負荷が大きくなります。

　E Reading practice sheetの取り組み方は、他の3コースと同じです。

Lesson 3 **Paul the Prophet** (743 words)

June, 2010. As the FIFA World Cup competition was reaching its final stages, sports writers tried to predict the winners. Nobody had a better record of prediction than Paul: he was right 100 percent of the time.

Section 1

It is well known that Germans love soccer. As the German team moved closer to the play-offs, suspense grew. On June 13, Paul predicted that Germany would beat Australia; Paul was right. On June 18, Paul picked Serbia over Germany; he was right, but it was a group stage game and Germany remained in competition. On June 23, Paul chose Germany over Ghana-right again. Paul had correctly chosen the winner in every match Germany had played.

Germany played England on June 27; Paul picked Germany, and he was right. On July 3, Germany played a quarter-final match against Argentina. Again Paul picked the German team and again Paul was right.

Germany had made it to the semi-finals and Paul had not made one wrong prediction. The whole world waited for his prediction for the semi-final match between Germany and Spain.

Section 2

Germany had fallen in love with Paul. But German fans would soon be shocked. For the semi-final match with Spain, Paul picked Spain.

The fans were furious. Paul received death threats. Some people even wanted to cut him up like sashimi and eat him for dinner.

Of course, Spain was delighted. When José Zapatero, the Spanish prime minister, heard about the death threats, he offered Paul a safe haven in Spain.

Germany vs. Spain was played on July 7. Paul was right again. Spain won. He had been right six out of six times. German fans were sad that their team had lost, but they had even greater respect for Paul's clairvoyance.

Paul was right again when he picked Germany over Uruguay in the third-place play-off. And Paul was right with his last prediction that Spain would beat the Netherlands in the final match of the 2010 FIFA World Cup.

Paul had a perfect, 100 percent correct, record of predictions for eight straight games. Who was this Paul? And how could he make such accurate predictions?

出典：『CROWN English Communication II』（平成26年度版、三省堂）

Section 3

You probably already know who Paul was because he became famous: the world's most famous octopus. Yes, Paul was a common octopus, born in 2008 in England and moved to the Sea Life Center in Germany, where he became a great favorite of children.

Octopuses are as intelligent as some vertebrates. Paul was especially intelligent. He surprised the aquarium workers by learning to open glass bottles. Intelligence, however, had nothing to do with Paul's success in choosing winners.

The prediction process was simply chance. Paul was given two boxes in which there were mussels, his favorite food. Each box had the national flag of a team. The first box from which Paul ate the mussels was taken to be a prediction of the winner of the game.

What are the odds for making eight straight correct predictions? José Mérida, a data analyst, explains the odds using a coin tossing model. There is a good chance that one person out of 178 will predict all the winners from a series of eight matches. Since millions of fans predicted World Cup games, there could have been thousands who made eight correct predictions.

Paul was remarkable, but he was not unique.

Section 4

It may seem strange that people would study animals to try to predict the future, but it is not at all unusual.

In ancient China, people studied turtle shells. In the Greek temple at Delphi there was a mouse prophet. The Romans believed that you could see the future in the flight of birds. In recent times, an American horse named Lady Wonder answered people's questions about the future. Scientists have studied changes in the behavior of birds and fish to see if they can predict an earthquake. Paul is not the first animal people have asked to predict the future.

When the World Cup was over, Paul was given a reward for his predictions: a little World Cup and his favorite food-mussels. Then the aquarium announced that Paul was retiring from sports forecasting: "Paul will get back to his real job-making children laugh."

Octopuses usually live only about two years. Paul lived a nice long life (for an octopus) and died peacefully at the aquarium on October 26, 2010. They have built a little shrine to mark his grave.

Football fans will remember Paul for a long time.

第5章

出典：『CROWN English Communication II』（平成26年度版、三省堂）

111

【 1 】 セクションごとに内容が正しい英文にはT、誤りのある英文にはFと書きなさい。また、そのように判断した英文に下線を引き問題番号を書きなさい（下線部とセットで正解とする。問題によっては本文に記載がないためにFと判断するものもある）。

Section 1

1. Germany beat Australia. (　　)

2. Serbia beat Germany as Paul predicted. (　　)

3. Germany could not go on to the semi-finals. (　　)

Section 2

4. Paul was cut up like sashimi and eaten for dinner. (　　)

5. Germany was beaten by Spain as Paul had predicted. (　　)

6. The German fans were sad, but admired Paul's clairvoyance. (　　)

Section 3

7. Paul was born in England and moved to Germany. (　　)

8. Paul's favorite food was *sashimi*. (　　)

9. Paul could predict games because he was intelligent. (　　)

Section 4

10. People studied turtle shells to predict the future in old China. (　　)

11. Paul is the first animal that people have asked to predict the future. (　　)

12. Paul also predicted the winner of the women's World Cup in 2011. (　　)

【 2 】 本文の内容について、もっとも適切なものをa～cから選びなさい。

1. Which of the following would be the best title for this article?

    a. Germany Comes in 3rd in World Cup

    b. Sports Prophet Gets Death Threats

    c. The Octopus Who Could Predict the Future

2. Which of the following is true?

    a. Since early times people have believed that some animals can predict the future.

    b. The boxes used by Paul had names of countries written on them.

    c. Paul lived a nice long life and died at the age of four.

解答：【1】 1（T）2行目 Paul ～ right.　2（T）3行目 Paul ～ right,　3（F）10行目 Germany ～ semi-finals　4（F）3行目 Some ～ dinner.　5（T）7行目 Germany ～ won.　6（T）8行目 German ～ clairvoyance.　7（T）2行目 Paul ～ Germany,　8（F）記述なし

3. Why did some German fans want to kill Paul?

    a. Because he made a wrong prediction.

    b. Because Germans love sashimi.

    c. Because he predicted that Germany would lose in the semi-final match.

4. What did Paul do when the World Cup was over?

    a. He went to Spain, where the prime minister gave him a safe haven.

    b. He stayed in the aquarium.

    c. He went back to England, where he was born.

【3】 本文の内容に合うように（　）内に適語を補って読みなさい。

  Paul the octopus became famous during the 2010 FIFA World Cup for his perfect record of (1.　　　　　　　　). Octopuses are as (2.　　　　　　) as some vertebrates, but intelligence did not have anything to do with choosing winners. It was just (3.　　　　　　　). (4.　　　　　　) fans all over the world listened to Paul's predictions. Paul lived a nice long life and died on October 26, 2010. They will (5.　　　　　　　) him for a long time.

第5章

問題【1】＿＿＿＿／12点

問題【2】＿＿＿＿／　4点

問題【3】＿＿＿＿／　5点

生徒番号＿＿＿＿＿　氏名＿＿＿＿＿＿＿＿＿＿＿　合計点数＿＿＿＿＿／21点

9 (F) 7行目 Intelligence, 〜 winners.　10 (T) 3行目 In 〜 shells.　11 (F) 7行目 Paul 〜 future.
12 (F) 記述なし　【2】1 (c)　2 (a)　3 (c)　4 (b)　【3】1 predictions　2 intelligent　113
3 chance　4 Soccer [Football]　5 remember

ワークシートの狙い・変遷・作り方

1 進化するワークシート

　平成25年度にTANABU Model 2013が始まって以来、授業のバージョンアップとともにワークシートも進化してきました。現在はTANABU Model 2017を実践中ですがこの間に消滅したアクティビティ（リスニングシートなど）もあります。

　ここで2017年現在使用しているそれぞれのワークシートの狙い・変遷・作り方を紹介します。

2 A Paragraph chartの狙い・変遷・作り方

　A Paragraph chart（73ページWS01参照）は、各自が辞書を使わずに取り組みます。このワークシートの使用目的はトップダウンの理解による概要把握です。本文の流れを把握しながら、（　）に入れる表現を英語で抜き出す作業が求められます。

　"英語で抜き出す"というところにはメリットとデメリットが共存しています。英語が得意な生徒であれば、このワークシートでストーリーの概要を把握することができます。しかし、英語が苦手な生徒は、英語で抜き出すだけで意味の理解に至らないことが考えられます。逆に言うと英語の意味が分からなくてもこのワークシートに取り組むことができますので、本文が読めていない生徒にも英語が苦手だという意識を持たせずに英語の世界に引き込むことができます。

　つまりA Paragraph chartは生徒に心理的な負荷をかけずに英文を読み始める一つの仕掛けとなっています。

　このワークシートは教科書に付属のデータがある場合は、そのまま活用することもアレンジすることもできます。教科書によっては付属のデータにパラグラフチャートがありませんが、自作してもそれほど時間はかかりません。

3 B Summary sheetの狙い・変遷・作り方

　B Summary sheet（75ページWS02参照）のサマリーという表現はこのワークシートの狙いを表したものではありません。未知なる語句があふれている英文を辞書も使わずにこの時点で要約させるのはセオリーから言えばありえない話です。実はこのワークシートの真の狙いは、とにかくどんな内容が書いてあるのかを教科

書の写真や図表などの情報、また知っている数少ない語彙からでも推測する癖を付けさせることです。

　また、この時点で辞書を使わせないのは、真面目な生徒を燃え尽きさせないためです。真面目に予習に取り組んでいるけれど英語が苦手だという生徒の多くは、予習段階で未知の単語を調べるだけで相当の労力を使います。そこまで努力を続けても英語の成績が上がらないと、英語から心が離れてしまうかもしれません。

　確かに未知語を推測するには前後95％の単語を理解していなければならないという研究があるそうです。しかし、現実の英語使用場面を考えたら、そのような恵まれた状況に巡り会う機会は教室以外に存在するのでしょうか。ですから、95％の単語が分からなくても、知っている単語が５％あったならば、どんな話か推測する姿勢を身に付けさせる必要があると考えています。

　なおこのワークシートは取り組み１年目のTANABU Model 2013には存在していませんでした。Ⓐ Paragraph chartで生徒が内容理解まで達していないのではないかという反省からTANABU Model 2014で登場しました。また、「未知なる語句は10個までしか辞書で引くことが許されない」というルールはTANABU Model 2016から加えられました。

4）Ⓒ Comprehension sheetの狙い・変遷・作り方

　Ⓒ Comprehension sheet（78ページWS03参照）はTANABU Model 2013から使用しています。この本に掲載している問題部分はTANABU Model 2014で使用したもので問題数が７問もあります。TANABU Model 2016では、問題数を４つに減らし、１問目はYesかNoで答えられる問題、２問目は教科書の抜き出しで答えられる問題、３問目は教科書をそのまま抜き出すだけでは質問の主語や動詞と矛盾してしまう問題、そして４問目は教科書には書いていないので、筆者の立場で想像力を働かせて答える問題などに替えて、試行錯誤を繰り返しています。

　また、このワークシートの２行目（１）Circle the subject and underline the verb of each question.という指示はTANABU Model 2016から加えられました。生徒の間違いの多くは質問の英文の構造を無視して、教科書の本文をそのまま抜き出すことによるものがほとんどです。逆に言うと生徒は解答が書かれてある場所にはたどり着いています。口頭でのコミュニケーションでは意味が通じる解答でも、英文で書いた時にはしっかりした答えになりませんので、解答する力の向

上を図ろうと改善されました。

　なお、このワークシートの問題は付属のデータをそのまま活用することも、自作することもあります。

5）　D Vocabulary scanning sheetの狙い・変遷・作り方

　D Vocabulary scanning sheet（82ページWS04参照）はTANABU Model 2013から使用しています。このワークシートは敷居が低く、どんなに英語が苦手な生徒でも答えられないということはありません。

　英語が苦手な生徒がすらすら英語の表現をスキャンできたらどんなに楽しく気持ちがいいでしょうか。かつての英語の授業では新出語句は辞書を使って調べて英語から日本語にするのが主流でした。この作業は英語が苦手な生徒にとってはあまりにもハードルが高く、教えているこちらとしてもいたたまれない気持ちになっていました。しかしこのワークシートでは英文を前から後ろへスキャンしていきますので、英文を前から後ろへかたまりで捉える癖を付けることができます。

　時々このワークシートに後ろから取り組む生徒が出てきますが、それは禁止です。いい読み手は英文を前から後ろに戻らず読み進める速い読みをしているそうです。日本語の語順に頼って後ろから前へ戻って読んでいるのであれば、いつまでたってもいい読み手にはなれません。

　なお、このワークシートで抜き出させる表現の単語数は、1年生の1学期は少なくしています。慣れるにつれて徐々に語数を増やしていくのは、ワーキングメモリに負荷をかけ単位時間に処理する語数を増やすためです。ここに掲載してあるワークシートは25個の表現を抜き出させています。本校の生徒は速い生徒で6分程度、平均で8分程度、遅い生徒でも10分程度で作業を終えます。

　また、速さは模試の成績に比例しているようです。いい読み手は読みが速いですから、「速く読めればいい読み手になって英語が得意になるよ」と言って、このワークシートは可能な限り高速で取り組ませます。本当はいい読み手だから速く読めるのでしょうが……。

　このワークシートは自作しています。付属データのスラッシュごとに英語と日本語が書かれてあるワークシートを印刷し、抜き出させたい英語の表現に下線を引きます。ワークシート1枚分（だいたい25個）選んだら、抜き出した表現の日本語に該当する部分に下線を引きます。あらかじめ準備してあるワークシート

の枠に入力して完成です。

6 　E Reading practice sheetの狙い・変遷・作り方

　E Reading practice sheet Type A（83ページWS05参照）はTANABU Model 2013年から使用しています。このワークシートは自分で作らなくても、教科書会社の付属データで付いてきますので、簡単に作成できます。

　とにかく考えられる多様な読みを試すのは、生徒に飽きさせないためです。生徒一人一人が教室の外で教科書の音声を聞ける環境にはありませんし、よほど英語が好きな生徒でもなければ家庭学習で音声を活用してまで勉強しないと思います。ですから、音読は授業で生徒がひたすら楽しく「音読練習大好き！」と感じるように雰囲気を盛り上げて行います。

　E Reading practice sheet Type B（84ページWS06参照）はTANABU Model 2014で導入しました。スラッシュの入った日本語を見て英語にスラッシュを入れるという作業は、D Vocabulary scanning sheetで前からかたまりで英文を処理していく作業によく似ています。英語で前からセンスグループで処理していく感覚を抱くために導入しました。

　こちらのワークシートは付属のデータに手を加えたものですが、要領をつかめば機械的に簡単に作成できます。

7 　F Dictation sheetの狙い・変遷・作り方

　F Dictation sheet（86ページWS07参照）もTANABU Model 2013から使用しています。このワークシートはE Reading practice sheetを使って練習した日ではなく、次の授業の冒頭でディクテーションテストとして扱うようにしています。

　"テスト"というのは魔法の言葉で、生徒は小学生の頃からの積み重ねでこの言葉を聞くと普段より緊張感を持って物事に臨む姿勢が身に付いていますので有効活用しない手はありません。テストのためには生徒は授業外でも音読練習をして臨みます。音読練習とディクテーションテストを別の時間に設定することで、忘れては覚えを何度も繰り返し、語彙や英語の語順が定着していきます。つまり「テストだよ」と言って生徒の外発的動機を刺激して、自主的に音読練習をさせ定着を図ることがこのワークシートの真の目的です。

もしこれが本当のディクテーションテストで2回しか音声を聞かせないのであれば、空所の数はもっと少なくすべきですが、これほど空所を多くしているのは、事前の音読練習の必要性を感じさせるためです。

TANABU Model 2014までは空所は（　　　）だけで単語レベルで書かせるだけでしたが、TANABU Model 2015で下線部のように文単位の問題を入れることで、音読練習の際に単語レベルから一歩進んで、文構造を意識させるように改良しました。

なお、このワークシートは付属のデータに若干手を加えて作成していますので、ほとんど作成の時間はかかりません。

8）G Story reproduction sheetの狙い・変遷・作り方

G Story reproduction sheet（87ページWS08参照）はTANABU Model 2013の2学期に「パターンB：こってりコース」に加わりました。それまでのこってりコースはディクテーションテストで終わっていましたが、ひと味足りないと感じていました。アウトプットさせる活動がなかったのです。生徒がせっかくディクテーションテストのために英文を音読して内容も重要語句も覚えて授業に臨んでいるのであれば、それをアウトプットすることで英語の基礎定着がより確かなものになります。つまり生徒のせっかくの努力を少しでも定着につなげたいと考えて導入しました。

このワークシートは、10個のキーワードを見ながらまず各自で口頭で英文を再生し、次にペアで口頭で英文を再生し、最後に10分で英文を書くことで段階的に流ちょうさが増し、英文を書く抵抗をできるかぎり減らす工夫がしてあります。このように、再生するためのプロセスを重視して無理なく英文で書けるように導いたところ、1年生でもほとんどの生徒が80語以上で表現できたことに大変驚かされました。

しかしミステイクやエラーのオンパレードで添削に恐ろしく時間がかかりました。TANABU Modelを持続可能にするために、添削の方法が生徒と教師の両者にとってより効果的になるよう選択してきました。このワークシートは流ちょうさを育てる目的で使用していますので、推敲するなど余計なことは考えずにひたすら書くことに専念させます。1年生の段階では文法などは気にせずに、ひたすらアウトプットすることで流ちょうさを伸ばし、徐々に正確さを増していくよう

に指導していきます。正確さを伸ばす方法としては、ワークシートをローテーションで別の生徒に渡して「主語と動詞があるか」だけを添削させ、次のローテーションでは「動詞の時制」だけを添削させ、次は「節の構造」だけ、次は「スペリング」だけ、次は「ディスコースマーカー」だけ、次の生徒は「内容」だけというような活動を行います。クラスメートの英文を添削することで、文法などの知識が定着し、優れたクラスメートの作品を目の当たりにし、書く意欲が高まるようです。

型のない授業モデル：TANABU Model Assorted

1 コミュニケーション英語Ⅲの授業

ここまでに紹介してきたTANABU Modelというのは、「"持続可能な"コミュニケーション英語Ⅰ・Ⅱの授業モデル」です。

田名部高校では新学習指導要領がスタートした平成25年度の高校1年生から年次進行で授業改善に取り組んできました。平成21年12月付けの「高等学校学習指導要領新課程の学習指導要領外国語編・英語編」を熟読し、英語の授業は英語で行い、コミュニケーション能力を養う授業が求められているのならば、平成28年度大学入試センター試験や大学入試の出題形式も大幅に変わると確信していました。

アウトプット中心の授業を行い英語のコミュニケーション能力を向上させていけば、大学入試で求められる力も副産物的に向上すると信じてはいましたが、一つだけ不安材料がありました。本校の生徒は「センター試験で形式が変わった年には、難易度が変わらなくても点数を大きく下げる」傾向があったのです。新課程になり、当然センター試験の形式は大幅に変更されるだろうと、予想されていましたので、「型が変わっても実力を出し切れる柔軟さ」を身に付けさせる必要がありました。

「コミュニケーション英語Ⅰ・Ⅱ」の授業モデルは4つの型で授業を行っています。4種類の授業展開があるとはいえ、生徒はそれぞれのワークシートの順番が頭の中に入っていますので、そこには型があるわけです。このままの授業を続けていくと「変化に慣れさせる」ことはできません。

そこで高校3年生の「コミュニケーション英語Ⅲ」では、「TANABU Modelをぶっ壊す！」と宣言し、「生徒の予想を裏切る授業」を目指し、全てのレッスンの全て

のセクションで授業のパターンを変えました。これがTANABU Model Assortedです。

　授業に臨むのに際し、「次のセクションではどんな型の授業が行われるかまったく分からない」ということが日常になれば、センター試験など、大学入試で形式の変化があったとしても、実力を遺憾なく発揮できるようになるのではないか、というとてもシンプルな発想です。

　また授業外では、旧課程時代に本校で行っていたように模擬試験の過去問を与えることもしませんでした。他の教科では模試の過去問も配布していましたので当然欲しがる生徒も出てきましたが、授業で配布しない理由を説明して納得してもらいました。

2）　TANABU Model Assortedの「パフォーマンステスト」

　「コミュニケーション英語Ⅲ」の授業は全てのレッスンの各セクションで授業の進め方が異なりますので全ての授業を紹介することはできません。ここでは最終タスクでディスカッションを行った授業『Power on English Communication Ⅲ』（東京書籍）Lesson 2 The Work of "Zoo Dentists"とLesson 3 Ecotourismを紹介します。

　このレッスンは3つのセクションで構成されています。各セクションの内容理解をそれぞれ1時間で終え、ディスカッションの準備をし、パフォーマンステストを1時間で実施しました（122ページ以降のワークシート参照）。パフォーマンステストと呼んではいますが、授業内で簡単に行えるアクティビティです。

　この教科書はいわゆる難解な教科書ではありません。むしろコミュニケーション英語Ⅱで使用していたテキストの方が難しいくらいです。その分TANABU Model Assortedではさまざまな技能を駆使して内容を理解した後で、アウトプット活動（ディスカッションやプレゼンテーション）で英語の基礎定着を図りました。

① Lesson 2 The Work of "Zoo Dentists"の場合

　全てのセクションを異なる手順で内容理解を行った後で、最終タスクとしてディスカッションを行います。1・2年の授業でさまざまなアウトプット活動に慣れ親しんでいますので、3年生のディスカッションの準備と実施にはほとんど時間がかからず、簡単な授業内アクティビティの一つとして扱えるようになります。

【1時間目】
・セクション1を1時間で終了
　A Listening→B Reading practice→Vocabulary scanning sheet→Reading practice sheet

【2時間目】
・セクション2を1時間で終了
　C Sentence order→Vocabulary scanning sheet→Reading practice sheet

【3時間目】
・セクション3を1時間で終了
　D Reading test→Vocabulary scanning sheet→Reading practice sheet

【4時間目】
　E Discussionのワークシートを使い、ディスカッションの準備

【5時間目】
ディスカッション本番　3回実施

【1時間目】
　A Listening（122ページWS26参照）という名の通り、リスニングで内容理解を図ります。
　（1）まず与えられた2つの質問（Q1とQ2）を読み、その答えを探しながら、英文を2回聞きます。
　（2）CDの音声に続いてセンスグループで区切って英文をリピートした後で、もう一度自分の答えを確認します。
　（3）英語で質問し合うことでお互いの答えを確認します。
　（4）教科書をスキャンして答えを素早く見つけ、ペアで答えを確認し合い、最後にクラス全体で確認します。
　B Reading practice（122ページWS26参照）は、
　（1）英文をできるだけ速く読んでセンスグループでスラッシュを入れます。
　（2）スラッシュを入れた英文をリーディングプラクティスシートのように使い、

Lesson 2　The Work of "Zoo Dentists" Section 1

A Listening

(1) Listen to the passage and answer the questions.
   (JTE will play the CD twice)
(2) Repeat after the passage and complete your answers.
   (JTE will play the CD once)
(3) Check the answers with your partner in English. (In pairs)
(4) Scan the passage and check your answers.
   (By yourself → In pairs → In class)

Q1.　Why do animals need to keep their teeth in good condition?

Q2.　What kind of difficulties might the two dentists face in checking animals' teeth?

B Reading practice

(1) Put slashes → (2) Repeat after your partner → (3) Repeat after the CD

Why do dentists take care of the teeth of zoo animals?

　　Going to the dentist is frightening for a lot of people, but sometimes it is not the patient but the dentist who is scared.　Sarah de Sanz and Paul Brown are "zoo dentists," taking care of the teeth of animals in captivity.　These two dentists believe that the animals really need their services.　Generally, animals in the wild need to keep their teeth in good condition in order to do such things as eating food and defending themselves.　Of course, this is as true of animals in captivity as those in the wild.　Bad teeth can make it impossible to live a normal life.　So the dentists feel that it is their responsibility to provide dental services for animals kept by people.　However, they sometimes face difficulties in checking animals' teeth.　For example, some animals might not be still when their teeth are being treated, or others might bite the dentists.

出典：『Power on English Communication III』（平成27年度版、東京書籍）

ペアの相手が読んだセンスグループに続いて英文をリピートします。

（3）最後にCDの音声に続いてリピーティングをして終わります。

Vocabulary scanning sheetとReading practice sheetについては、「コミュニケーション英語Ⅰ・Ⅱ」のTANABU Modelと同じように使用します。（※TANABU Model AssortedではTANABU Modelのワークシートと異なるので A ～ G の内容も違います）。

【2時間目】

C Sentence order （124ページWS27参照）では、4つの英文をバラバラにして、それを並べ替えて段落を完成させます。

（1）教室の4隅に各グループから1人ずつ生徒を集め、英文が書かれた紙を配布します。生徒は同じ場所に集合した他のグループの生徒と同じ英文が書かれた紙を持っています。その生徒同士で英文の意味を確認し合い音読練習をします。この活動にかける時間は2分です。

（2）自分の所属するグループに戻り、自分の持っている英文が段落の第1文だと思う生徒は手を上げて音読してから机の上に置きます。

（3）第2文、第3文、第4文と同じ要領で英文を並べて、4つの英文が出そろったら各グループで、英文の順番を確定します。

（4）答えを確認する時には全員が立ち、第1文を一斉に音読します。不正解のグループは全員座らなければなりません。第2文、第3文についても同じように行い、最後まで立っていたグループが正解です。

なお、この活動を第2段落でも行います。

Vocabulary scanning sheetとReading practice sheetについては、「コミュニケーション英語Ⅰ・Ⅱ」のTANABU Modelと同じように使用します。

【3時間目】

D Reading test （125ページWS28参照）では、入試問題のような形式で英語の知識を英文の中で確かめる問題、単語の意味を推測する問題、英文を並べ替えて段落を完成する問題など総合的な問題にしました。

Vocabulary scanning sheetとReading practice sheetについては、「コミュニケーション英語Ⅰ・Ⅱ」のTANABU Modelと同じように使用します。

Lesson 2 The Work of "Zoo Dentists" Section 2

[C] Sentence order

(A) The first paragraph consists of four sentences. You are going to put the sentences in the correct order.

---

(1) Read the sentence on your strip of paper aloud three times and understand the meaning (in two minutes, no dictionary).
(2) In your group, if you think your sentence comes first in the paragraph, raise your hand and read the sentence aloud. → Put it on the desk.
(3) Repeat step(2) for the second, the third, and the fourth sentences.

(B) Repeat step(1) ～ (3) for the second paragraph.

並べ替えに使用した４つの英文

- One example of a difficult patient to treat was Artie, an old sea lion in San Francisco Zoo.

- At the time of the dentists' visit, Artie was 30 years old, an age which is twice the normal life expectancy of wild sea lions.

- Generally, the longer an animal lives, the more problems it can have in its mouth.

- To see if old Artie had any particular dental problems, the dentists decided to take X-rays of him.

出典：『Power on English Communication III』（平成27年度版、東京書籍）

Lesson 2 The Work of "Zoo Dentists" Section 3

D Reading test

Read the passage and answer the following questions.

What do the dentists think of the work they do?
Another difficult patient was Sandy, a female black jaguar. She needed to have her teeth (1) check too, but she had to (2) be anesthetized before the dentists could look inside her mouth. However, it was a risky procedure, especially for old Sandy. She was 21 years old, and (3) giving sleeping drugs to an old animal can sometimes cause serious problems. For example, if the dose is too large, she could die. If (4) the dose is too small, she might wake up and bite the dentists.

(1) Change the form of the underlined word into the correct form.

(2) Guess the meaning of "be anesthetized."

(3) Find the subject and the verb of the underlined sentence.

(4) Guess the meaning of "the dose."

In fact, things did not go smoothly during the treatment of Sandy.
(A) It was a difficult experience, but finally Sandy was back to normal, with newly treated teeth.
(B) After the drug was shot into the jaguar, her breath stopped suddenly.
(C) Later, the dentists were able to find her dental problems and treat her teeth.
(D) She had to be given oxygen and medication to breathe again.

(5) Put (A) ～ (D) in the correct order.

Dr. de Sanz and Dr. Brown are proud of the work they do. Dr. de Sanz says, "If we are going to keep animals in captivity for humans to look at, then at least we have to make sure they are healthy and happy all the way from cage to grave. I really (6) do believe that's our responsibility."

(6) Find the same do used in the underlined do.
(a) Do you believe in me ?   (b) In Rome, do as the Romans do.
(c) I do love you.

第5章

出典：『Power on English Communication III』（平成27年度版、東京書籍）

【4時間目】

E Discussion（128ページWS29参照）のワークシートを使いディスカッションの準備を行います。

このレッスンでは動物歯科医が危険を冒して動物園で飼育されているアシカやジャガーの治療を行うという内容です。麻酔が不十分であれば動物歯科医が危険にさらされ、麻酔の量が多ければ動物が危険にさらされるというジレンマがあっても歯科治療の必要性を訴えていました。教科書の内容を理解して終わるのではなく、その内容について議論します。設定した議題は"Animals should have their teeth checked and treated."としました。

ディスカッションは4人1グループで行います。4人ずつのグループに分かれたら、ワークシートに従って（1）「司会者」、「治療に当たった動物歯科医」、「治療を受けた動物」、そして「一般市民」の担当者を決めます。治療を受けた動物役は教科書に出てきたアシカとジャガーにとらわれず、自分で何の動物でどのような治療を受けたのか自由な発想で決めることができます。また、一般市民も何者であるかを自分で自由に設定できます。役割を決めたら司会者を除いて、「動物が歯科治療されることに賛成なのか反対なのか」各自のスタンスを決めます。そして3分間のブレーンストーミングでできるだけ多くのアイデアをワークシートに記入していきます。続いてワークシートに沿って各自の立場でアウトラインを作成していきます。

アウトラインはIntroduction、Body、Conclusionから構成されています。

IntroductionのTopic sentenceでは各自が決めたスタンスで"Animals should have their teeth checked and treated."、または"Animals should not have their teeth checked and treated." となります。BodyのSupporting sentence 1〜Supporting sentence 3では、各自の立場からTopic sentenceをサポートする理由をエピソードも含めて具体的に述べていきます。ConclusionはIntroductionと同じ主張を別の表現で繰り返します。

【5時間目】

ディスカッションはⅠ［Presentation Session］、Ⅱ［Q & A Session］、Ⅲ［Discussion Session］と進みます。司会者はワークシート「ディスカッションの例」Ⅰ［Presentation Session］（129ページWS30参照）と「Moderatorの定型表現例」（131ページWS32参照）を参照しながらディスカッションを進行します。他の3人の参加者は、準備段階で用いたワークシートを使用することは許されません。

参加者	役割
司会者	ディスカッションを円滑に進める
治療に当たった動物歯科医	動物歯科医の立場から意見を述べる
治療を受けた動物（自分で動物を選ぶ）	治療を受けた側から意見を述べる
一般市民（自分で何者か設定）	一般市民の立場から意見を述べる

　1回のディスカッションに15分かかりますので、50分授業ではメンバーを入れ替えて3回実施します。

　タイムテーブルは、『Departure English Expression II』（平成26年度版、大修館書店）Part 5 Lesson 3 Panel Discussion（p.148）を応用しています。

Self-introduction	1 minute
I [Presentation Session]	6 minutes (2 minutes for each)
II [Q & A Session]	3 minutes
III [Discussion Session]	5 minutes

　I［Presentation Session］では、司会者の指示に従って、3人の参加者がそれぞれ2分で意見を述べます。参加者はここで他の参加者の述べたことをキーワードでメモしていきます。

　II［Q & A Session］（130ページWS31参照）では、各参加者が分からなかった点や聞き取れなかった点を尋ねます。そして相手の理由付けがあいまいなところを質問して、相手側の主張が弱いことをアピールします。

　III［Discussion Session］（130ページWS31参照）では同じ立場の参加者に賛同したり、違う立場の参加者に対して反論したりします。

　「コミュニケーション英語 I」ではロールプレイ2回、ストーリー・リプロダクション3回、「コミュニケーション英語 II」ではディベートを2回、ストーリー・リプロダクションを3回、「英語表現 I・II」で自己表現活動を2年間繰り返していますので、3年生になった時にはほとんど書くことにも話すことにも抵抗がなくなっています。ですから、Lesson 2 The Work of "Zoo Dentist" では、準備にも本番にもほとんど無理なく取り組める状態になっていました。何より1年生からの積み重ねが大切だと感じます。

Lesson 2 The Work of "Zoo Dentists"
Section 3

E Discussion
Topic: Animals should have their teeth checked and treated

(1) Decide your role: chair, zoo dentist, animal in a zoo, or ordinary citizen.

Your role : _____

Decide your stance : Animals (should / should not) have their teeth checked and treated.

Brainstorming 1 : Write down as many ideas as possible in 3 minutes.

Outline of your point

Introduction
(Topic sentence) _____

_____

Body
(Supporting sentence 1) _____

_____

_____

(Supporting sentence 2) _____

_____

_____

(Supporting sentence 3) _____

_____

_____

Conclusion
_____

_____

_____

_____

ディスカッションの例

I 【 Presentation Session 】 それぞれの参加者が自分の意見を2分で発表する。

Moderator : Thank you for coming to the discussion. Today we are going to
discuss whether animals should have their teeth checked and
treated. Before starting the discussion session, please introduce
yourself and shake hands with each other.

[参加者同士が握手しながら自己紹介を行う]

Now, let's have the "Presentation Session." Each speaker has
two minutes. Who is going to be the first speaker?

Zoo dentist : OK, now let me give you my opinion. I think animals should have
their teeth checked and treated. First, ...

Second, ...

Lastly, ...

That's why I strongly believe that ...

Moderator : Any objections?

Animal : I am a(n) 動物名 and I had my teeth treated ～ ago. Zoo dentists
seem to believe that it is important for our teeth to be treated, but
we totally disagree with their idea.

First, ...

Second, ...

Lastly, ...

That's why I strongly believe that ...

Moderator : Now it's your turn Mr. / Ms. Ordinary citizen の名前 .

Ordinary Citizen (OC) :

OK, let me tell you about myself first. I'm ...

Actually, I agree with the zoo dentist's opinion / the animal's
opinion.

First, ...

Second, ...

Lastly, ...

That's why I strongly believe that ...

第5章

Ⅱ【 Q&A Session 】

不明な点や疑わしい点を質問して、明確にする。質問の2つの役割：
1）わからなかった点や聞きとれなかった点を尋ねる。
2）相手の理由付けがあいまいなところを質問して、相手側の論が弱いことをアピールする。

Moderator : Thank you very much, everyone. Now we will have a "Q&A Session" for five minutes. You can ask any questions you'd like of one another.

Animal : I have a question for the zoo dentist. You said that 〜, but ...?

Zoo dentist : I think 〜.

Moderator : Mr. / Ms. Ordinary citizen の名前, do you have any questions?

OC : Yes. Mr. / Ms. Zoo dentistの名前, you said. ... Why do you think ...?

Moderator : Thank you. Time is up. The Q&A Session is over.

Ⅲ【 Discussion Session 】

賛成意見や反対意見などを理由とともに述べる。自分の意見を強調したり、自分の立場と同じ立場を取っている人の意見に賛同したり，自分の立場と違う立場を取っている人の意見に反論をしたりする。

Moderator : Lastly, we will have a "Discussion Session" for five minutes in which participants will exchange opinions.

OC : The zoo dentist said 〜. I think 〜. ...

Animal : Mr. / Ms. OC の名前 said 〜, but 〜. ...

Zoo dentist : Mr. / Ms. Animalの名前 said ..., but it might not be true because ...

Moderator : Time is up. Now we have finished the discussion. Thank you very much for your participation.

※このワークシートは『Departure English Expression Ⅱ』（平成26年度版、大修館書店）Part 5 Lesson 3 Panel Discussion をディスカッション用にアレンジしています。

Moderator の定型表現例

【Discussion を始めるとき】

▶ Let's start [kick off] the discussion. Today's subject is whether animals should have their teeth checked and treated or not.

▶ Who is going to be the first speaker?

Ⅰ 【Presentation Session のとき】

▶ Each person has two minutes to give a speech.

▶ Who supports his/ her viewpoint? Do you agree with his/ her reason?

▶ Any objections? Does anyone disagree with his/ her reason?

▶ Let's move on to the Q&A Session.

Ⅱ 【Q&A Session のとき】

▶ Any questions? Do you have any questions about his/ her opinion?

Ⅲ 【Discussion Session のとき】

▶ Why do you disagree with his/ her opinion?

▶ Let me summarize what you have discussed.

▶ The Discussion Session is over.

第5章

※このワークシートは『Departure English Expression Ⅱ』（平成 26 年度版、大修館書店）Part 5 Lesson 3 Panel Discussion をディスカッション用にアレンジしています。

② Lesson 3 Ecotourism: What to Do and Where to Goの場合

　全てのセクションを異なる手順で授業を行った後で、最終タスクとしてプレゼンテーションを行います。1・2年の授業でさまざまなアウトプット活動に慣れ親しんでいますので、3年生のディスカッションの準備と同様にほとんど時間がかからず、簡単な授業内アクティビティの一つとして扱えるようになります。

【1時間目】

・セクション1を1時間で終了

　　Ⓐ Listening and summary→Vocabulary scanning sheet→Reading practice sheet

【2時間目】

・セクション2を1時間で終了

　　Ⓑ Guessing and summary→Vocabulary scanning sheet→Reading practice sheet

【3時間目】

・セクション3を1時間で終了

　　Ⓒ Q&A comprehension→Vocabulary scanning sheet→Reading practice sheet

【4時間目】

・プレゼンテーションのワークシートを使い、プレゼンテーションの準備

【5時間目】

・プレゼンテーション本番

・センター試験第4問Bの過去問を解きペアで傾向を分析

【6時間目】

・次年度自分たちが受験する「センター試験第4問B」を作題し、お互いに解答し合う

【1時間目】

A Listening & summary（134ページWS33参照）という名の通り、リスニングと日本語要約で内容理解を図ります。

（1）質問の答えを探すために、英文を2回聞きます。質問を一つに絞ることで初めて聞く英文でも集中して聞くことができます。（2）（3）2回英文を聞いて、キーワードを書き留めておき、ペアで英文の内容を日本語で再生します。（4）100字以内の日本語で本文を要約し、（5）グループで要約を共有します。

ここは「コミュニケーション英語Ⅰ・Ⅱ」のTANABU ModelのSummary sheetと同様に、自分が聞き取れた部分からストーリーを推測する力を伸ばすことが狙いです。

Vocabulary scanning sheetとReading practice sheetについては、「コミュニケーション英語Ⅰ・Ⅱ」のTANABU Modelと同じように使用します。

【2時間目】

B Guessing and summary（135ページWS34参照）では、英文を読んで（1）～（3）の問いに答えます。（1）(a)(b)の2つの質問をペアでお互いに質問し合って内容を確かめます。次にクラス全体で答えを確認します。（2）未知語の推測をペアで行います。（3）5分で本文を100字で日本語に要約します。（4）TANABU ModelのSummary sheetと同様にグループで共有することで、自分の理解度が確認できます。

Vocabulary scanning sheetとReading practice sheetについては、「コミュニケーション英語Ⅰ・Ⅱ」のTANABU Modelと同じように使用します。

【3時間目】

C Q&A comprehension（136ページWS35参照）は「コミュニケーション英語Ⅰ・Ⅱ」のC Comprehension sheetと同じ要領で行います。

辞書を使わないでできるだけ速く問題に答えます。ペアで質問と答えを読み合うことで確認したら、答えを板書しクラス全体で答え合わせをします。

正解と間違いは説明するのではなくて生徒から引き出すようにして解答します。

Vocabulary scanning sheetとReading practice sheetについては、「コミュニケーション英語Ⅰ・Ⅱ」のTANABU Modelと同じように使用します。

Lesson 3 Ecotourism :
What to Do and Where to Go Section 1

Ⓐ Listening and summary

(1) Listen to the passage and answer the question in English.

(JTE will play the CD twice)

What is the purpose of ecotours?

(2) Listen to the passage and write down the keywords you hear.

(JTE will play the CD twice)

(3) Reproduce the story with your partner in Japanese.

Keywords

(4) Listen to the passage again and write the summary within
100 Japanese characters.

(JTE will play the CD twice)

(5) Share your summary in groups.

Lesson 3 Ecotourism :
What to Do and Where to Go Section 2

B Guessing and summary

(1) Read the passage and answer the following questions.
  (a) What does Hasegawa Kumiko do?

  (b) What do tourists do on Hasegawa's ecotour?

(2) Guess the meaning of *"indigenous (l.11)"* with your partner.

(3) Summarize the passage within 100 Japanese characters.

(5 minutes).

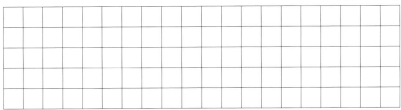

(4) Share your summary in groups.

第
5
章

Lesson 3 Ecotourism :
What to Do and Where to Go Section 3

C Q&A comprehension

Read the passage and answer the following questions.

(3 minutes)

1. Do ecotours have anything to do with the ecosystem?

2. Why does Ms. Hasegawa limit the number of people who join her tour?

3. What is Ms. Hasegawa's main purpose as an ecotour guide?

4. What is the focus of an ecotour?

【4時間目】

　ワークシート「Ecotour in Shimokita Peninsula」（139ページWS36参照）と「センター試験作題シート」（140ページWS37参照）を配布し生徒に読んで自分たちが取り組むタスクを理解させます。

　第1ラウンドでは一人一人が「地元下北半島のエコツアー」を企画してプレゼンテーションを行い、優秀作品を選びます。

　「Ecotour Preparation Sheet」（141ページWS38参照）を使いプレゼンテーションの準備を行います。

　（1）地元である下北半島でエコツアーについて3分間でできるだけアイデアを出します。（2）たくさん出したアイデアから3つ選び理由を付け加えます。（3）エコツアー参加者を募集するための広告に必要な情報を考えます。（4）実際にウェブサイト上の広告のデザインを手書きで作ります。

【5時間目】

　4人1グループで、作成した手書きの広告を見せながら、ツアーの魅力をアピールします。各グループの中で最も参加したいツアーはどれだったか、多数決で勝者を決めます。

　2グループが合体して8人のグループを作ります。4人グループの時の勝者2人が、自分のエコツアーの魅力を発表し、参加したいのはどちらのツアーか多数決で勝者を決めます。

　最後に8人グループの勝者5人がクラス全員に向かって1人ずつプレゼンテーションを行います。

　全員終わったら、参加したいツアー2つに挙手させて、一番希望者の多かったエコツアーを企画した生徒が1人選ばれることになります。

　次に第2ラウンドに入ります。一人一人の生徒が、センター試験の第4問Bの問題を解きます。解き終わったらペアで解答の確認を行うと同時に問題の分析を行います。

【6時間目】

　前時の授業で行ったセンター試験第4問Bの分析に基づき、自分が作成したエコツアーの広告を使って、問題を作題します。

　全員の作題が終わったら、ペアで問題を交換しお互いに解き合います。

　席を入れ替えて問題を解き合う活動を2回行います。

　作題者である自分が意図した答えと、ペアの相手が選んだ答えが一致していない時には、相手に作題の意図を説明すると同時に、作題の仕方に問題がある可能性を疑わせ、問題を改善させます。

　平成28年3月に卒業した生徒たちは、模試の過去問は与えませんでしたが、センター試験問題やディスカッションなどを扱った東北大学の入試問題などをアレンジしてアクティビティに使用しました。

　東北大学のディスカッション問題を応用して授業内のアクティビティにした時には、取り組み後に大学名を明かします。そうすると、生徒は「東北大学ってこんな簡単な問題が出るの？　これならできる！」と感じるようになります。このように、生徒たちが難しいと思い込んでいる壁を取り除いていきました。

　難しい教科書でも難しいと思われる大学入試問題でも、どれだけ簡単に見せられるかが大切だと考えています。

Ecotour in Shimokita Peninsula

第1ラウンド：プレゼンテーション

① 下北半島でのエコツアーを企画し、広告を作りなさい。(読み手は世界中の人々で、インターネットで読まれると想定。ツアー名と広告はできるだけ多くの人を引きつけるような魅力的なものにすること)

② 「ツアー内容」と「何を学ぶことができるのか」を考え必ずその情報を入れなさい。

③ 授業はプレゼンテーションで、各自のツアーについて説明する。
  （1）　4人グループで各自のツアーを発表する（1人2分)→勝者を決める。
  （2）　2つのグループを組み合わせ、（1）の勝者による発表（1人2分）を行う。
  （2）の勝者が、クラス全体で発表を行う。

④ 最も参加希望者が多かった優れた企画は、本人がアポ無しで市長室に乗り込み、OKがでるまで説得し続ける。
  当然あなたがプロデューサーとなる。

第2ラウンド：センター試験問題作成

① 各自が作成した広告をもとに、センター試験形式で平成28年度センター本試験問題を作成する。

② 優れた問題を、平成28年度の試験に採用してもらう。アポ無しでセンター本部に乗り込み説得する。

センター試験作題シート
平成28年度センター試験　英語　第4問B

B　次のページの＿＿＿＿＿＿＿＿＿＿＿＿に関するウェブサイトを読み、次の問い（問1～3）の 39 ～ 41 に入れるのに最も適当なものを、それぞれ下の①～④のうちから一つずつ選べ。

問1
① ＿＿＿＿＿＿＿＿＿＿＿＿＿＿＿＿＿＿＿＿＿＿＿＿＿＿＿＿＿

② ＿＿＿＿＿＿＿＿＿＿＿＿＿＿＿＿＿＿＿＿＿＿＿＿＿＿＿＿＿

③ ＿＿＿＿＿＿＿＿＿＿＿＿＿＿＿＿＿＿＿＿＿＿＿＿＿＿＿＿＿

④ ＿＿＿＿＿＿＿＿＿＿＿＿＿＿＿＿＿＿＿＿＿＿＿＿＿＿＿＿＿

問2
① ＿＿＿＿＿＿＿＿＿＿＿＿＿＿＿＿＿＿＿＿＿＿＿＿＿＿＿＿＿

② ＿＿＿＿＿＿＿＿＿＿＿＿＿＿＿＿＿＿＿＿＿＿＿＿＿＿＿＿＿

③ ＿＿＿＿＿＿＿＿＿＿＿＿＿＿＿＿＿＿＿＿＿＿＿＿＿＿＿＿＿

④ ＿＿＿＿＿＿＿＿＿＿＿＿＿＿＿＿＿＿＿＿＿＿＿＿＿＿＿＿＿

問3
① ＿＿＿＿＿＿＿＿＿＿＿＿＿＿＿＿＿＿＿＿＿＿＿＿＿＿＿＿＿

② ＿＿＿＿＿＿＿＿＿＿＿＿＿＿＿＿＿＿＿＿＿＿＿＿＿＿＿＿＿

③ ＿＿＿＿＿＿＿＿＿＿＿＿＿＿＿＿＿＿＿＿＿＿＿＿＿＿＿＿＿

④ ＿＿＿＿＿＿＿＿＿＿＿＿＿＿＿＿＿＿＿＿＿＿＿＿＿＿＿＿＿

作題者：生徒番号＿＿＿＿＿＿　氏名＿＿＿＿＿＿＿＿＿＿＿＿＿＿＿＿＿＿＿

Ecotour Preparation Sheet

Topic: Ecotour in Shimokita Peninsula

Plan an ecotour in Shimokita Peninsula.

(1) Write down as many ideas as possible in 3 minutes

(2) Choose three ideas and add the reasons.

(3) Add information to make a webpage of the ecotour. (5 minutes)

(4) Design the webpage for your ecotour.

（※（4）は実際の授業では A4 1枚にデザインしています）

第6章

TANABU Modelの
評価法

Contents

評価の仕方　　144
パフォーマンステストでの評価　　156
CAN-DOリスト　　165

TANABU Modelの評価法
堤 孝

評価の仕方

1 救世主「山形スピークアウト方式」

　平成25年度文部科学省「英語によるコミュニケーション能力・論理的思考力を強化する指導改善の取組」事業ではスピーキングテストの実施が義務づけられていました。当時この事業に取り組んでいた東北地区の主担当が一堂に会し情報交換する機会がありましたが、どの学校でもスピーキングテストの実施に頭を悩ませていました。すでに実施していた学校の先生によると、「授業外に学年の枠を超えて英語教員を総動員して実施にこぎ着けた」とか「採点にぶれが生じないように、学年全員の生徒のスピーキングテストの映像を一人のJTEと一人のALTがそれぞれ見返して、その二人の平均点で評価を行った」ということでした。

　どちらの例も実践するには相当なエネルギーが必要で、本校ではなかなか実践できるものではないと半ばあきらめかけていた時に出会ったのが、山形県立鶴岡中央高校で実践していた「山形スピークアウト方式」でした。1クラス40人の全ての生徒が何らかの形でパフォーマンステストに参加して、授業内で評価を終わらせることができるのです。アルク選書シリーズの『高校英語教科書を2度使う！ 山形スピークアウト方式』にはワークシートもそのまま掲載されていましたので簡単にパフォーマンステストをまねできました。

　ただし不安がなかったと言えばうそになります。過去に英検の面接練習に取り組んだことはありましたが、「教科書の登場人物をスタジオに招いてインタビューを行う」というのは初めてのこと。実施前は相当複雑に見えました。また、本番中にフリーズして話せなくなる生徒が多く出るだろうと考えていました。

　しかし、実施してみて驚いたことに、生徒のパフォーマンスは、私たちの予想をはるかに超えたものでした。そして、演じる側もオーディエンスも楽しみながら取り組んでいるのです。そんな様子を見ていて、山形スピークアウト方式にはパフォーマンステストを授業内で実行可能なものにするための数々の仕掛けがあることに気付きました。もしもこのパフォーマンステストをTANABU Modelに

組み込んでいなかったら、アウトプットを通じて英語の基礎を定着させる機会が減ってしまい、生徒の成績の伸びも今ほど大きなものになっていなかったと思います。

②　TANABU Modelでの評価について

TANABU Modelを使った「コミュニケーション英語Ⅰ・Ⅱ」の授業ではパフォーマンステストを授業内で行い、そこで扱ったレッスンを定期考査でも範囲に入れています。パフォーマンステストで扱ったレッスンは定期考査で扱う必要はないのではないかというアドバイスをいただいており、現在検討中です。将来的にその方向へ進む可能性はありますが、TANABU Model 2017時点では出題していますので、その前提で取り組みを紹介します。

③　定期考査の出題内容

よく「TANABU Modelでは定期考査の問題はどのようなものになるのか」という質問を受けます。TANABU Model自体も日々改善が求められていますが、定期考査についてはなおさらです。もし定期考査と授業内容がかけ離れていれば生徒の心は授業から離れてしまいますし、授業で育てた能力を測るのに妥当なテストとは言えません。授業を定期考査と連動させて、どちらにも積極的に取り組むように次のポイントに気を付けています。番号が若いほど優先順位が上です。

TANABU Model定期考査のポイント
（1）定期考査に向けて学習することで技能の定着が深まること
（2）授業で身に付けた技能を定期考査で使えること
（3）考査中は暗記したものを吐き出させるのではなくて、思考させること
（4）授業で訳さないので定期考査でも訳は出題しないこと
（5）採点に労力がかかり過ぎないこと

過去に出題した定期考査の問題と上の5つのポイントの関係を見ていきます。

最初に示すのは、平成26年度「コミュニケーション英語Ⅱ」1学期中間考査の出題の一つです。【1】と【2】の問題は放送の指示により連続して行われます。書かれた時間を参照してください。【1】の放送が8:40に始まるのですが、【2】

の問題を8:55に開始することで【1】の問題に制限時間を設けました。

※8:40に英文が一度流れます。

【1】次の10個のキーワードを用いて、Lesson 1 Section 4の内容を10分で再生しなさい。

※総単語数と使用したキーワードに○をつけ、個数を書きなさい。(20点)

1. fame and money	2. progress	3. magic and witchcraft
4. the family's wealth and fame		5. the clouds
6. witchcraft	7. plans	8. other villages
9. generation	10. the government or aid groups	

採点基準

語数（8点）：
　80語以上8点、60語以上6点、40語以上4点、20語以上2点、20語未満0点
　同じ文の一部を換えて繰り返し述べているような場合は減点5点

内容（8点）：
　本文の内容を再現していること
　内容に矛盾がある場合は1カ所につき減点2点

文法（4点）：
　グローバルエラー1カ所につき減点2点
　スペリングや時制の間違いなどのミステイクは3カ所以上で減点1点

キーワード（加点なし）：
　使用していない場合はキーワード1つにつき減点1点

　この問題は「パターンB：こってりコース」G Story reproduction sheet（87ページWS08参照）の形式で出題します。10個のキーワードを与えて、一度英文を放送で流して内容を再確認してから10分程度で解答します。約10分という制限時間は、後続のリスニング問題の開始時間でコントロールできます。TANABU Model 2014までは授業のストーリーリプロダクションで与えた10個のキーワードをそのまま使っていましたが、現在は授業で扱ったキーワードをいくつか別のものに入れ替えています。そうすることで、生徒は考査に向けて一度自分で書いたG Story reproduction sheetを丸暗記するのは無駄だと知ります。定期考査に

向けて、暗記ではなく内容理解に努めさせることを狙っています。一度試して失敗したのが、10個のキーワードをリスニングの最中に生徒に抜き出させるというものです。要領のいい生徒は、ストーリーを再生してからキーワードを決めていくということが分かり、この方法はTANABU Model 2016の2学期期末考査で試しましたが、いい方法ではないということが分かりました。

　採点では、生徒が書けば書いただけ損をすることがないように注意しています。当然のことですが、分量を多く書けばスペリングや時制などのミステイクは増えていきます。それを際限なく減点していたら採点も大変ですし、何より生徒が書く意欲をなくしてしまいます。どんなに文法のミステイクがあっても減点する上限は4点としました。TANABU Model 2014では内容（10点）、語数（5点）、文法（5点）のトータル20点でしたが、徐々に文法よりも語数の配点を上げTANABU Model 2017は語数（8点）、内容（8点）、文法（4点）にしています。また、1年生の1学期では文法の配点を0点にして、内容と語数のみで評価するという大胆な採点基準も最初に流ちょうさを伸ばすいい方法かもしれません。生徒には定期考査を受験する前に、この採点基準を示し、たくさん書く指導をしておく必要があります。また、グローバルエラーとは意味が通じないエラーのことです。
⇒押さえているポイント：（1）（2）（3）（4）（5）／145ページ参照

　次に示すのは、平成26年度「コミュニケーション英語Ⅱ」1学期中間考査の出題の一つ、【1】の問題の続きです。

第
6
章

【2】※8:55に放送が始まります。

　羽生善治氏へのインタビューを聞いて、ラウエ新聞を作った。下線部に日本語を入れ記事を完成しなさい。英文は2度流れます。（7点）

ラウエ新聞　　　　　　　　　　　　　　平成26年5月16日（金）発行

　　　　　　　　羽生善治　将棋との出会い

　羽生善治は(1) ＿＿＿＿＿＿＿＿＿＿将棋をはじめた。はじめは
(2) ＿＿＿＿＿＿＿＿＿＿。二年生の時に八王子の将棋道場で行われた
(3) ＿＿＿＿＿＿＿＿＿＿。決勝には進めなかったが、対局の楽しさを
覚え、(4) ＿＿＿＿＿＿＿＿＿＿と思い道場に通い始めた。

　子どもの頃は駒にいろんな種類があり、(5) ＿＿＿＿＿＿＿＿＿＿に
興味を持った。勝敗が(6) ＿＿＿＿＿＿＿＿＿＿も好きだった。対局全体

は原因と結果の過程であり、勝つか負けるかは(7) ＿＿＿＿＿＿＿＿＿＿＿＿＿＿＿＿。
当然負けたら悔しいが、将棋の奥深さが好きになった。

（※ラウエは田名部高校の校章のことです）

　羽生善治氏へのインタビューを扱った「パターンＣ：あっさりコース」の授業
からは、インタビューに基づいて新聞記事を作らせました。一般的にインタビュー
の目的は、映像で視聴者に見せるか、記事にして読者に読ませるかのどちらかで
す。前者を定期考査で再現することは難しいですから、後者を採用しました。聞
く英文は同じですが、インタビューの内容を新聞記事にするという作業を生徒に
は予告していませんので、新鮮な気持ちで問題に取り組むことができます。

　この問題は一度授業で扱った内容を覚えていれば即答できますので、実際にリ
スニングの力が低い英語が苦手な生徒でも得点することができます。本校は生徒
の学力差が大きいので、このような英語の苦手な生徒でも必ず解答できる問題を
入れています。英語が得意とはいかないまでも、苦手ではなくなってきたと考え
る生徒が増えたのは、授業に加えてこのような出題方法の効果だと考えています。
なお、配点は１問１点で合計７点の配点として出題しました。
⇒押さえているポイント：（2）（3）（4）（5）／145ページ参照

　平成27年度「コミュニケーション英語Ⅲ」１学期期末考査の出題の一つです。

(1)〜(10)の日本語の意味に合うように、（　　）に適語を入れなさい。（20点）

　Going to the dentist is frightening for a lot of people, but sometimes it is (1)
その患者ではなくてその歯科医（６語）who is scared. Sarah de Sanz and Paul
Brown are "zoo dentists," taking care of the teeth of animals in captivity. These
two dentists believe that the animals really need their services. Generally,
animals in the wild need to keep their teeth in good condition in order to do
such things as eating food and defending themselves. Of course, this is as (2)
あてはまる（２語）animals in captivity as those in the wild. Bad teeth can
make it impossible to live a normal life. So the dentists feel that it is their
responsibility (3) 〜に歯科治療を提供すること（５語）animals kept by
people. However, they sometimes (4) 困難に直面する（２語）in checking

animals' teeth. For example, some animals might not be still (5) 彼らの歯が治療されている時に（6語）, or others might bite the dentists.

～以下省略

※『Power on English Communication Ⅲ』（東京書籍）Lesson 2 The Work of "Zoo Dentists"

　毎回必ず出題するのが、パターンA〜Dの全てのコースに共通するD Vocabulary scanning sheetの逆パターンです、日本語と語数を与えて英語にする問題です。これは完全に暗記しなければ点数に結びつきません。テストに向けて繰り返し学習することで、語句のかたまりで英文を理解したり、表現したりする習慣を付けさせることを狙っています。D Vocabulary scanning sheetは与えられた日本語と語数を見て英語をスキャンするという簡単な作業で始まり、授業内練習を繰り返し、考査に向けて学習することで定着を図っています。また、生徒がこのワークシートで抜き出した語句だけでなく、考査に向けてたくさん音読してほしいという願いから、授業で使用するD Vocabulary scanning sheetの中で扱わなかった表現もいくつか問題に組み込んでいます。

　この問題の採点基準はミステイクに厳しくしています。1問2点の配点ですが、生徒がスペリングなど細かいところにも注意を払って定期考査の勉強をするよう、スペリングミスは1カ所で1点減点しています。

⇒押さえているポイント：（1）（4）（5）／145ページ参照

平成26年度「コミュニケーション英語Ⅱ」2学期中間考査の出題です。

以下の問いに答えなさい。(18点)

TOPIC："Using a cell phone during lunch time is acceptable."

トピックに対するあなたの立場(Affirmative / Negative)を○で囲みなさい。

（1）トピックに対するあなたの意見を理由とともに英語で述べなさい。
　　（理由は一つでよい）

（2）あなたの意見に対する予想される反論を理由とともに英語で述べなさい。
　　（理由は一つでよい）

（3）その反論に対するあなたの反論を理由とともに英語で述べなさい。
　　（理由は一つでよい）

採点基準

（１）自分の意見が述べられている（２点）、理由が述べられている（２点）、意見と理由が論理的に矛盾していない（１点）

（２）予想される反論が述べられている（２点）、反論の理由が述べられている（２点）、反論と理由が論理的に矛盾していない（１点）

（３）相手の反論に対する自分の反論が述べられている（２点）、反論の理由が述べられている（２点）、反論と理由が論理的に矛盾していない（１点）

文法（３点）：

グローバルエラーは１カ所で減点２点、ミステイクは３カ所以上で減点１点

内容（加点なし）：

理由が理由になっていないような場合は０点とする　（例　I agree with the idea because I want to use a cell phone during lunch time.）

「パターンＡ：超こってりコース」のパフォーマンステスト（ディベート）形式での出題です。授業とは別のトピックを設定します。授業では教科書からの情報を基にディベートの準備をしましたが、定期考査では基となる情報がありませんので、誰でも自分の考えに基づいて述べられるトピックを与えます。最初に自分が取るスタンスを（Affirmative / Negative）から選択させます。（１）トピックに対する自分の意見（Opening statement）を書きます。（２）次にその意見（Opening statement）に対して予想される反論（Rebuttal）を相手の立場で書きます。（３）最後にその反論に対する反論（Final statement）を書かせます。

　この問題もTANABU Model 2014では授業で扱ったディベートのトピックをそのまま使用していましたが、それでは定期考査に向けて丸暗記する生徒が出てしまいますので、別のトピックを与えるように変更しました。その結果ディベートの形式やよく使われるお決まりのフレーズは事前に覚えて考査に臨み、考査中には思考している状態が作れるようになりました。

　採点は（１）〜（３）を通じて「自分の意見」が述べられていれば２点、「理由」が挙げられていて２点、「意見」と「理由」の関係に矛盾がなければ１点を与えます。文法の配点は３点です。グローバルエラーは１カ所で減点２点、ミステイ

クは３カ所以上で１点減点します。しかしどんなに間違いが多くても、上限はマイナス３点です。

　文法も正確に書く必要はありますが、本来ディベートは口頭で行うべきものです。実際のディベートでは私たち教員がやったとしてもミステイクのオンパレードです。生徒の答案にミステイクがないはずがありません。ですからここではディベートの力を用紙に表現させているだけですので、文法の間違いではなくて内容を重視して採点しています。

⇒押さえているポイント：（１）（２）（３）（４）（５）／145ページ参照

平成27年度「コミュニケーション英語Ⅲ」２学期末考査の出題の一つです。

ビートルズに関する英文を５回聞き、100語程度の日本語で要約しなさい。(10点)

採点基準

語数（４点）：

　90語以上４点、80語以上３点、70語以上２点、60語以上１点、60語未満
　　０点

内容（６点）：

　内容に矛盾がある場合１カ所につき減点２点

　話されていない内容が書かれている場合１カ所につき減点２点

　「パターンＣ：あっさりコース」のリスニング技能を応用し、「パターンＡ：超こってりコース」と「パターンＢ：こってりコース」で使用するⒷ Summary sheet（75ページWS02参照）の形式での出題です。授業で「１万時間の法則」（どんな分野でもエキスパートになる人は１万時間継続して取り組んでいるという法則）について学習しました。考査では教科書の英文ではなく、初めて聞くビートルズの１万時間の法則の話を５回聞き100字程度の日本語で要約する試験です。聞く英文は新しいものですが、授業で１万時間の法則について理解していますので、ほとんどの生徒が100字で要約することができました。

　日本語要約問題を出題する意図は、意味の理解を目的に音声を聞かせることです。例えばディクテーションをさせた時には生徒は意味をあまり考えずに音そのものに集中するため、聞き終わった後に意味は残っていない場合が多いようです。現実の社会では、ディクテーションをすることは普通ありません。英語を聞いた

ら意味を理解する習慣を付けさせなければなりません。ですから生徒が書いた日本語が全体としてまとまっていなくても、それが放送された内容と矛盾しなければ点数を与えます。

⇒押さえているポイント：（2）（3）（4）（5）／145ページ参照

平成27年度「コミュニケーション英語Ⅲ」2学期末考査の出題の一つです。

【4】下線部に対するあなたの考えを理由とともに100語程度の英語で述べなさい。（20点）

　Even Mozart and Bill Gates—two extremely successful men of all time—could not hit their stride until they had spent at least 10,000 hours of work. Genius is not like a flash of lightning. It is like a plant that is carefully cared for day by day. After the 10,000-hour practice, it blooms in its full glory.

採点基準

語数（8点）：
　80語以上8点、60語以上6点、40語以上4点、20語以上2点、20語未満0点、同じ文の一部を換えて繰り返し述べる文字稼ぎは0点

内容（8点）：
　自分の考えが述べられている　4点
　自分の考えをサポートする理由・根拠が述べられている　4点
　内容に矛盾がある場合は1カ所につき減点2点

文法（4点）：
　グローバルエラー1カ所につき減点2点
　スペリングや時制の間違いなどのミステイクは3カ所以上で減点1点

　教科書の英文の筆者の主張に対して自分の考えを述べる出題です。授業ではこのような活動は行いませんでしたので、考査で初めてこの形式の問題に触れました。

　ただしこの問題形式は、「パターンA：超こってりコース」のパフォーマンステスト（ディベート）や「英語表現Ⅰ・Ⅱ」ではレッスンごとに自分の考えを表現していますので、特に違和感なく取り組むことができます。

ここでも採点基準は生徒が書けば書いただけ損をすることがないように注意しています。どんなにミステイクやエラーがあっても減点できる上限は4点です。
⇒押さえているポイント：（2）（3）（4）（5）／145ページ参照

　「パターンA：超こってりコース」でパフォーマンステスト（ディベート）を行った時のトピックに関連する初見の英文を用いた出題もあります。98〜105ページでご紹介した活動における、"Dr. Kanto's decision to turn off the oxygen was right."というトピックの裏にはトリアージ（患者の重症度に基づいて治療の優先度を決定して選別する）という考え方が働いています。そこでテスト本番でトリアージに関する初見の英文を与えました。ただし、初見の少し難易度の高い英文でしたので、日本語で内容を問う問題に日本語で答える形式にして、英語が苦手な生徒でも各自の背景知識を活用して取り組みやすい問題を作りました。
　この問題の採点基準は初めて読む英文を日本語で問いますので、採点基準も模擬試験などの基準と同様です。
⇒押さえているポイント：（2）（3）（4）（5）／145ページ参照

　初見の英文からの出題でもう一例、BBC Newsの記事で前述の「1万時間の法則」について書かれた英文を読ませ、T/F問題を作成しました。インターネットからの情報は生徒にとって初見の英文ですが、授業を通じてすでに内容を理解していますので、背景知識を生かして取り組むことを期待しています。またBBC Newsが読めたことで自信を持ち、身の回りにあるオーセンティックな英語に積極的に触れてほしいというきっかけ作りも狙いの一つです。なお、T/F問題はTANABU Modelの「パターンD：超あっさりコース」の読解力診断テスト（110〜113ページWS22〜25参照）で経験しています。
　定期考査でも、「パターンD：超あっさりコース」で読解力診断テストを行う時でもT/F問題を出題する時には、そのように判断した英文の最初の3語を書かせます。当てずっぽうで正解を得られないようにしないと、読まずに解答する生徒が出てきます。定期考査を受験している最中にも生徒の読む技能は伸びていくはずですから、英文を読まずに解答しその機会を失ったら元も子もありません。T/Fとそのように判断した情報を最もよく含んでいる英文を抜き出して初めて得点が与えられます。
⇒押さえているポイント：（2）（3）（4）（5）／145ページ参照

「パターンＡ：超こってりコース」と「パターンＢ：こってりコース」で使用する[C] Comprehension sheet（78ページWS03参照）はそのまま英問英答の形式で出題しますが、問題は授業で扱ったものと、考査で初めて見るものの両方から作ります。本校の生徒の学力は幅が広いので、授業で見たことのある問題は英語が苦手な生徒を安心させ、新しい問題は上位の生徒のチャレンジ精神を満たしてくれます。

　この問題の採点は文法の正確さを要求しています。TANABU Model 2016からは、[C] Comprehension sheetの英文質問の主語を○で囲み、動詞に下線を引かせ、それを意識して答えを考える指導を始めました。生徒は解答するのに必要な情報が書かれている場所を見つけてそれを抜き出すことはできますが、問題の主語と動詞に合わせて自分で答えを書くことを苦手としています。この点は普段の授業から意識させていますので、テストでも問題の主語と動詞を見極めて質問内容を正しく理解していなければなりません。問題に合わない抜き出しによる解答は減点されます。

⇒押さえているポイント：（1）（2）（3）（4）（5）／145ページ参照

4）授業内で行う評価と観点別評価の関係

パターン コース	数値が明らかになるもの （観点別評価）	観察によるもの （観点別評価）
パターンＡ 超こってり	パフォーマンステスト 1年：ロールプレイ 2年：ディベート （外国語表現の能力）	[B] Summary sheet （外国語理解の能力） [D] Vocabulary scanning sheet （外国語理解の能力） 3年：ディスカッション・ 　　　プレゼンテーション 　　　（コミュニケーションへの 　　　　関心・意欲・態度）
パターンＢ こってり	[F] Dictation sheet （コミュニケーションへの 　関心・意欲・態度） [G] Story reproduction sheet （外国語表現の能力）	[B] Summary sheet （外国語理解の能力） [D] Vocabulary scanning sheet （外国語理解の能力）
パターンＣ あっさり		[D] Vocabulary scanning sheet （外国語理解の能力）
パターンＤ 超あっさり	読解力診断テスト （外国語理解の能力）	[D] Vocabulary scanning sheet （外国語理解の能力）

　授業内での評価は「数値が明らかになるもの」と、「観察によるもの」に分け

られます。

　数値が明らかになるものは、パフォーマンステスト（1年：ロールプレイ、2年：ディベート）と Ｆ Dictation sheet（86ページWS07参照）、Ｇ Story reproduction sheet（87ページWS08参照）です。パフォーマンステスト（1年：ロールプレイ、2年：ディベート）の評価の詳細は後述しますが、授業内で教師が一人で行うことができるシンプルなものです。実際のパフォーマンステストと作成したシナリオを基にして（外国語表現の能力）を評価します。もちろんパフォーマンステストは（コミュニケーションへの関心・意欲・態度）や（外国語理解の能力）にも分類できますが、そのために評価項目を増やし過ぎると実施可能なテストではなくなりますので、注意が必要です。

　「パターンＢ：こってりコース」では、Ｆ Dictation sheetを使い授業内でディクテーションテストを行います。ディクテーションテストの目的は、ディクテーションの能力を見ているというよりは、このテストに向けて音読練習を繰り返すことで英語技能の向上を図っていますので、しっかり努力すれば高得点を取ることができます。通常であれば（外国語理解の能力）に分類すべきものですが、このように学ぶ意欲で点数を上げることが可能ですので、本校では（コミュニケーションへの関心・意欲・態度）に分類しています。「パターンＢ：こってりコース」の Ｇ Story reproduction sheetは語数で評価し、Ａ：80語以上、Ｂ：60語以上、Ｃ：40語以上としています。語数だけで評価しているのは、このワークシートではたくさん英文を書かせ、流ちょうさを伸ばすことを目的にしているからです。また「パターンＤ：超あっさりコース」の読解力診断テストでは、初見の英文の理解力を測っていますので、（外国語理解の能力）の評価としています。

　現実的に授業中の生徒の様子を観察することで評価するのはとても手間がかかります。この部分はまだしっかり確立していません。ここではTANABU Model 2016での取り組みを例に説明します。授業中の観察による評価としては、「パターンＡ：超こってりコース」と「パターンＢ：こってりコース」の中で、4人グループで Ｂ Summary sheet（75ページWS02参照）に取り組んでいる時に、生徒の発話をモニタリングすることで（外国語理解の能力）を測定します。日本語での要約のうまさではなく、話している内容と教科書の内容に矛盾がないかだけを確認します。教師は生徒のパフォーマンスを書き留めるノートを持ち歩き、矛盾がなければＡ、間違えて捉えている箇所が1カ所であればＢ、ほとんど間違っていればＣと評価します。

全てのコースで行う⬛ Vocabulary scanning sheet（82ページWS04参照）では（外国語理解の能力）を測定することができます。「パターンＡ：超こってりコース」と「パターンＢ：こってりコース」では、だいたい25個の表現をスキャンしていきます。速い生徒で６分あまり、平均で８分、遅めの生徒は10分ほどかかります。このワークシートを終えると生徒は鉛筆を置きますので、何分で終了したか一目瞭然です。６〜８分未満をＡ、８〜10分未満をＢ、10分以上をＣとして評価することができます。

パフォーマンステストでの評価

1) 持続可能なパフォーマンステストを求めて

平成25年12月12日に本校で行われた平成25年度の第２回研究協議会ではパフォーマンステストを持続可能にするためのポイントを洗い出しました。その時に挙げられたポイントを見てみるとTANABU Modelにおけるパフォーマンステストに対する考え方がよく表れていますので、そのまま掲載します。この年は取り組みの初年度ですが、持続可能性を強く意識しており、それが現在でもパフォーマンステストが継続している理由だと考えています。

パフォーマンステストを持続可能にするためのポイント
（１）生徒が興味を持って取り組める楽しいものであること
　　　（生徒の内発的動機を刺激する）
（２）教科書に関連したトピックであること
　　　（教科書を読み込むことで、表現なども定着）
（３）生徒同士のインタラクションがあること
　　　（実際のコミュニケーションを想定）
（４）ある程度の即興性が含まれること
　　　（実際のコミュニケーションを想定）
（５）授業時間に評価が完了すること
　　　（ビデオを撮らなければ採点できないのでは持続不可）
（６）評価基準がシンプルであること
　　　（その場で評価を終わらせる）
（７）生徒全員が参加できること

（生徒全員が関心を持ち続けられる形式が必要）

（8）パフォーマンステスト実施時間が2授業時間に収まること

（長いと関心が薄れる）

（9）授業担当者一人で評価できること

（外国語科教員総動員では実施不可能）

（10）課末の最終タスクとして実施すること

（全てのレッスンで行う時間はない。内容によっては、読解力診断テストやリスニングに特化した授業で終わらせることが必要）

　以下で紹介する本校のパフォーマンステスト（1年：ロールプレイ、2年：ディベート）は、山形県立鶴岡中央高校のスピークアウト方式の授業で開発されたものを一部アレンジして使用しています。オリジナルについては『高校英語教科書を2度使う！　山形スピークアウト方式』（金谷 憲 編著・アルク）を参照してください。

　3年：ディスカッションと3年：プレゼンテーションは田名部高校で考えたものです。こちらは数値で評価は行わず、授業のアクティビティとして実施しています。

2 1年生：ロールプレイの評価

「パターンA：超こってりコース」のパフォーマンステスト

Lesson 5　How to Interview with Charles E. McJilton

ペアでトーク番組の司会者役とCharles E. McJilton役で番組収録を行う。見ている生徒は収録を見に来た客になり、雰囲気作りを行う。
（ビデオ撮影あり）

1　ペアでCharles E. McJiltonへの質問を5つ考える。
2　その際、インターネットで調べないと答えがわからないようなものではなく、教科書の英文から答えを導くことができるような質問を考える。ただし、「その時の心情は」などの質問も英文から想像できるものとして質問に入れてもよい。
3　ペアで考えた質問をクラス全体で出し合い、5つの質問に絞る。

4 ペアで司会者とMcJiltonを分担し、原稿を作成する。司会者役は、必ず**McJiltonの経歴を３文以上で簡単に紹介してから**質問すること。質問に対する答えは、**一言だけでなく説明を加えること**。

5 発表は質問を考えたペアとは違う組み合わせで行う。

6 McJiltonは質問カード１～５から３枚選び、司会者はそのカードの質問をする。司会者役は、McJiltonの答えに"Really?"などの反応をすること。**また相手が言ったことを繰り返すこと**。

例：McJilton: I was born in the United States.
　　Host: Oh, the States? (You were born in the States? / Born in the States?) Really?　反応と繰り返しはどちらが先でもよい。

【原稿の評価】

　原稿の評価基準はロールプレイの説明の際に生徒に配布してあります。生徒はその基準を考えながらペアで原稿を作成していきます。11時間目にファーストドラフトを回収して添削を行いますが、この時点では評価を記録しておく必要はありません。パフォーマンステストを終えた後に再び原稿を回収し、Grade Aでなかった部分だけを再評価し、この段階の最終評価を採用します。以下は原稿の評価基準です。役割によって分量が変わるため、Contentのみを評価します。

Grade	Score		Content
A	5	McJilton役：	３つの質問に答え、質問に対し、一言だけでなく説明を加えている。また、その説明が興味を引くものである。自分の表現である。
		司会者役：	McJiltonの経歴について、３文以上の説明があり、本文の抜き出しが少なく、分かりやすくなるよう工夫されている。
B	3	McJilton役：	３つの質問に答え、質問に対し、一言だけでなく説明を加えている。ただし、自分の表現ではなく抜き出しに頼っている。
		司会者役：	McJiltonの経歴について、３文以上の説明があるが、あまり工夫されていない。
C	1	McJilton役：	３つの質問に全て答えていない、または質問に対し、一言だけでしか答えていない。
		司会者役：	McJiltonの経歴について、３文以上の説明がない、または分かりにくい。

【パフォーマンスの評価】

　TANABU Modelでパフォーマンステストを行う目的は、生徒のパフォーマン

スを厳密に測定することではありません。名称はテストとしていますが、パフォーマンステストに向けてアウトプット活動を繰り返すことで、教科書の内容理解が深まり、表現が定着し、英語の基礎が定着することを目的にしています。

　平成25年度はスピーキングテスト（現在のTANABU Modelではパフォーマンステストと呼んでいます）をなかなか始められなかったのですが、その最大の原因は、"生徒のパフォーマンスを伸ばすためにテストを実施する"という発想がなく、信頼性の高いテストを行わなければならないという恐怖に取りつかれていたからです。

　例えば、何らかの英語面接試験で受験者が同じパフォーマンスを行ったとしても、トレーニングを受けた面接官でさえ評価に違いが出てしまいます。この差を小さくするための努力は当然必要ですが、大切なのは評価に差が出ることをやらない理由にすべきではないということです。たとえ評価者によって差が出る信頼性の低いパフォーマンステストであっても、実施しなければ生徒の英語力を伸ばすことはできないと考えています。

　評価者による誤差を小さくするための取り組みとしては、パフォーマンステストを最初に行うクラスで、同じ学年を担当する教師が全員評価に加わり目線合わせをしています。

　さて、パフォーマンステストを実施する前には、活動に乗ってこない生徒も出るのではないかという不安がありましたが、そのように見受けられる生徒が出なかったことは幸いでした。英語が得意な生徒も不得意な生徒もパフォーマンステストに向けて一生懸命に練習を繰り返します。「授業内で行う評価と観点別評価の関係」（154ページ参照）ではパフォーマンステストを観点別評価で（外国語表現の能力）としましたが、原稿作成からリハーサルまでの準備の間の生徒の様子を見ると、（コミュニケーションへの関心・意欲・態度）を観察するいい機会でもあります。準備段階から本番まで熱心に取り組んでいました。

発表評価基準（司会者役とゲスト役で評価方法が異なる点がある）

1. 聞き手を意識し、また本文の内容を自分のものにしているか

Grade	Score	
A	5	話す相手を見て話し、感情を込めている。意味のまとまりでポーズをとっている。
B	3	話す相手を見て話しているが、棒読みだったり、意味のまとまりでない部分でも区切っている。
C	1	メモを何度も見る／原稿がないと発表できない。

2. 声量は適切か

Grade	Score	
A	5	教室の後ろ（スタジオのお客さん全体）に聞こえる大きさである。
B	3	話している二人の間でやりとりができるくらいの声の大きさである。
C	1	目の前の相手にも聞こえない時がある。

3. 司会者の繰り返しができているか

（この点については司会者のみ評価する。司会者はゲストの答えに反応し、さらに答えを繰り返す）

Grade	Score	
A	5	反応と繰り返しが３つともできている。
B	3	反応と繰り返しが２つはできている。
C	1	反応と繰り返しが１つはできている。

ゲスト役　１を２倍の点数にしたものと２の点数を足して15点満点とする。
司会者役　１～３の合計で15点満点とする。

4. ボーナス得点

　司会者がMcJiltonの返答に対してアドリブで質問したら加点＋１、McJiltonが司会者のアドリブの質問に答えられたら加点＋１をボーナスポイントとして与えます。司会者は３つの質問に対してアドリブで質問できるので、最大３ポイントボーナス得点をもらうことができます。またゲスト役も司会者の挑戦によって３ポイント得点を上乗せすることができます。

3）　2年生：ディベートの評価

　このレッスンの内容は、スリランカで医療物資が不足する中で診療に当たっていた貫戸医師が、母親に連れられて来た回復の見込みがない５歳の少年に与えていた酸素を止めた、というものです。次にくるかもしれない患者のためにとっておく必要があると判断したからです。それを受けてディベートの論題は"Dr. Kanto's decision to turn off the oxygen was right."としました。

Affirmative side (Dr. Kanto's decision was right)	**Negative side** (Dr. Kanto's decision was not right)
Opening statement (1 min.)	
	Opening statement (1 min.)
Intermission (1 min.)	
	Confirmation (1 min.)
Confirmation (1 min.)	
Intermission (2 min.)	
Rebuttal (1 min.)	
	Rebuttal (1 min.)
Intermission (1 min.)	
	Final statement (1 min.)
Final statement (1 min.)	

【評価基準（グループ全体の取り組みとして評価する)】

1. 自分たちの意見について説明を付けて述べることができたか（Opening statement）

Grade	Score	
A	5	2つのポイントについて、理由・説明・具体例を付けて述べることができた
B	3	1つのポイントについて、理由・説明・具体例を付けて述べることができた
C	1	ポイントのみ述べることができた

"Dr. Kanto's decision to turn off the oxygen was right." という論題に対して肯定派（Affirmative side）は、次のように述べました（次ページの英文を参照）。一つ目のポイント「酸素を他の患者のために節約する必要があった」について、理由「酸素が不足していたので、次に診療所を訪れるかもしれない患者のためにとっておく必要があった」と述べています。二つ目のポイント「その少年を楽にしてあげた」について、理由「酸素マスクは不快を与えるものだから、死に逝く少年から酸素マスクを外したのだ」と述べています。このように2つのポイントに付いて理由・説明・具体例が述べられていればGrade A（5点）が与えられます。Opening statementは事前に各グループで準備をして臨みますので、ここで評価B・

第
6
章

Cを取ることはめったにありません。Opening statementで気を付けさせたいのは、相手に伝わるように「ゆっくりはっきりと述べさせる」ことです。各グループの主張を相手グループにもオーディエンスにもしっかり伝えなければディベートは成立しませんので、ここは特に強調しておく必要があります。

We agree with the idea that Dr. Kanto's decision to turn off the oxygen was right. We have two reasons to support our idea.

First, she had to save oxygen for other patients. The place where Dr. Kanto was working did not have enough oxygen. So it was necessary for her to save it for other patients who might come to the place later.

Second, she helped the boy feel comfortable. The oxygen mask must have made him uncomfortable, so she decided to take it off from the dying boy.

For these reasons, we think that Dr. Kanto' decision to turn off the oxygen was right.

2. 相手の意見を聞いて理解し、繰り返すことができたか（Confirmation）

Grade	Score	
A	5	2つのポイント全て、理由・説明・具体例も付けて繰り返すことができた ※相手が1つのポイントしか述べなかった場合、1つをしっかり繰り返せれば5点（以下同様）
B	3	1つのポイントを繰り返したが、理由などを言えない点もあった
C	1	ポイントを繰り返したのみだった

相手チームのOpening statementを繰り返すことがConfirmationです。否定派（Negative side）のConfirmationは次のようになります。実際の授業で行われた発話です。発話の途中で時間切れになりました。一つ目のポイントと理由は述べられましたが、二つ目のポイントを述べ、理由は述べられていませんので、Grade B（3点）が与えられます。

Affirmative side said that Dr. Kanto's decision to turn off the oxygen was right. They stated two reasons.

First, medical equipment was limited and there was not enough oxygen.

So she had to stop giving the boy oxygen.

Second, the five-year-old boy was uncomfortable and he was beyond help.

（ここで時間切れ）

3．相手グループの意見について、説明を付けて反論することができたか（Rebuttal）

Grade	Score	
A	5	2つについて、理由・説明・具体例を付けて反論できた
B	3	1つについて、理由・説明・具体例を付けて反論できた
C	1	反対であることを表明しただけだった（反論していない）

　下の英文の下線部は肯定派（Affirmative side）の一つ目の意見「この先酸素が必要な患者がくるかもしれないので酸素を取っておいた」という主張に対して、「医師は患者の延命に全力を注ぐべきで延命措置をやめてはならない」という反論をしています。二つ目の意見「酸素マスクがその少年に不快感を与えていたからそれを取り除いてあげた」という意見に対して「酸素マスクを外すよりも、酸素を与えた方が快適であったはずだ」と反論しています。このような解答であればGrade A（5点）が与えられます。

　しかし生徒の実際の発話はこのような完全な文にはなりません。だいたい英語が得意な生徒がRebuttalを担当しますが、考えながら話していきますのでミステイクやエラーはつきものです。私たち英語教員でもある程度練習を積まなければこうした場面で言いたいことは言えないと思います。このディベートの目的は、ディベートのプロを育成することではありません。相手の発話に対して意味を考えながら発話する練習を続けることで英語の基礎を定着させることですから、正確な文になっていなくても、内容に対してできるだけ点を与えるように評価しています。

First, they said Dr. Kanto had to save oxygen for future patients. We see what they mean, but doctors have to do their best to keep their patients alive as long as possible. It is clear that Dr. Kanto made her patient' life shorter.

Second, they said Dr. Kanto didn't want the boy to wear a mask because the boy felt it uncomfortable. Was the mask really that uncomfortable? Even if the boy was dying, oxygen must have made him more comfortable than taking off the mask.

So, Dr. Kanto's decision to turn off the oxygen was wrong.

4. 自分たちの意見について説明を付けて述べることができたか（Final statement）

Grade	Score	
A	5	2つのポイントについて、理由・説明・具体例を付けて述べることができた
B	3	1つのポイントについて、理由・説明・具体例を付けて述べることができた
C	1	ポイントのみ述べることができた

以下の英文のように2つのポイントについて、理由を付けて述べられれば Grade A（5点）です。Final statementは準備をして臨めますので、Opening statementと同様にほぼGrade A（5点）がつきます。注意すべき点は、Opening statementと一字一句同じ表現を使わないことと、最後に「決めぜりふ」"She did her best not only to save more people's life, but to make the boy feel comfortable at the last stage of his life." を考えさせておくことです。

We think that Dr. Kanto's decision to turn off the oxygen was right. Now we will summarize our ideas. There are two points for our side.

First, Dr. Kanto had to save oxygen for other patients because she did not have enough oxygen at the place. She knew she could not save the boy's life with the oxygen. It was more important for a doctor to give oxygen to the patients who would stay alive.

Second, she helped the boy feel comfortable. As Dr. Kanto said the boy could not be saved with any treatment. So, what she could do was to do her best to make the boy feel comfortable.

For these reasons, we believe that Dr. Kanto's decision to turn off the oxygen was right. She did her best not only to save more people's life, but to make the boy feel comfortable at the last stage of his life.

4 「コミュニケーション英語Ⅲ」でのパフォーマンステストの評価

　「コミュニケーション英語Ⅲ」は厳密に言うと「"持続可能な"コミュニケーション英語Ⅰ・Ⅱの授業モデル：TANABU Model」ではありません。平成28年3月に卒業した新課程初年度の生徒たちに、全てのレッスンで授業方法を変える「"型のない授業モデル"TANABU Model Assorted」で実践した取り組みです。3年生のディスカッションとプレゼンテーションもパフォーマンステストという名称にしていますが、これまでに紹介したロールプレイやディベートのように生徒がある程度の準備期間を使いリハーサルを行って臨むようなものではありません。各レッスンの終了後にほとんど準備時間を取らずに全員が一斉に活動できるアクティビティです。ほとんど準備時間を取らずにこのような活動を行うことができるのは、1・2年でのパフォーマンステストへの取り組みのおかげですので、もしコミュニケーション英語Ⅲで初めてパフォーマンステストを実施するのであれば、またあまり生徒が表現活動に慣れていないようであれば、きちんと段階を踏んで準備させる必要があると思います。3年生ではパフォーマンスそのものに対して数値的な評価はしません。授業中の観察で、（コミュニケーションへの関心・意欲・態度）を評価します。

CAN-DOリスト

　田名部高校の「CAN-DOリスト」は平成24年度の3月に初めて作成しました。これは県内全ての高校に提出が義務づけられたため、外国語科のスタッフで作成し提出しました。平成25年度から文部科学省のいわゆる拠点校事業の開始とともに、内容を修正し現在に至ります。平成25年度当初は到達目標が学年ごとに決められていましたが、TANABU Modelで行う授業の実態に合わせて、学期ごとの到達目標に変更しています。

　例えば、「話すこと」について1学年2学期の評価項目は「司会者または登場人物として、原稿を見ずに意見の交換ができる」です。コミュニケーション英語Ⅰ、「パターンA：超こってりコース」のパフォーマンステストで、教科書の登場人物をスタジオに招いてトークショーを行いますが、その授業での到達点を示しています。また「聞くこと」の1学年2学期、「1分あたり150語程度の英語を聞き、パラグラフチャートを作ることができる」は、「パターンC：あっさりコー

第6章

図表 16 ● 田名部高校「CAN-DO リスト」

卒業時の学習到達目標
英語を「話す・書く・聞く・読む」という4技能を駆使して、話し手や書き手の伝えたいことを的確に理解するとともに、自分が伝えたいことを積極的に発信することができる

学年	話すこと		書くこと	
	学習到達目標	科目・評価	学習到達目標	科目・評価
3年	③聞いたり読んだりしたことに対して、1分間の準備時間でkeywordsを書き出し、自分の意見を述べることができる	③C英Ⅲ／総英 授業	③段落構成を意識して、複数のパラグラフを書くことができる	③英表Ⅱ／英表 授業、定期考査
	②1つの主題について、資料を活用して聴衆に説明することができる	②C英Ⅲ／総英 プレゼンテーション①	②段落構成を意識して、複数のパラグラフを書くことができる	②英表Ⅱ／英表 定期考査
	①1つの主題について、ディスカッションの司会や、パネリストとして意見を述べることができる。	①C英Ⅲ／総英 ディスカッション①	①段落構成を意識して、複数のパラグラフを書くことができる	①英表Ⅱ／英表 授業、定期考査
2年	③1つの主題について、相手の意見や考えに反する意見を述べることができる	③C英Ⅱ／総英 ディベート②	③段落構成を意識して、複数のパラグラフを書くことができる	③英表Ⅱ／英表 授業、定期考査
	②1つの主題について、相手の意見や考えを、繰り返した上で、自分の意見を述べることができる	②C英Ⅱ／総英 ディベート①	②賛成と反対の視点から、1パラグラフを書くことができる	②英表Ⅱ／英表 授業、定期考査
	①1つの主題ついて、賛成と反対の両方の立場から、メモを参考に意見を述べることができる	①C英Ⅱ／総英 授業	①論理的構成を意識して、1パラグラフを書くことができる	①英表Ⅱ／英表 授業、定期考査
1年	③聞いたり読んだりした内容について、keywordsを見ながら、自分の言葉で再現できる	③C英Ⅰ／総英 授業 ロールプレイ②	③身近な事柄についての自分の意見や考えを80語程度で書くことができる	③英表Ⅰ／英表 授業、定期考査
	②司会者または登場人物として、原稿を見ずに意見の交換ができる	②C英Ⅰ／総英 ロールプレイ①	②身近な事柄についての自分の意見や考えを60語程度で書くことができる	②英表Ⅰ／英表 授業、定期考査
	①1つの主題について、いい点と悪い点を話すことができる	①C英Ⅰ／総英 授業	①身近な事柄についての自分の意見や考えを50語程度で書くことができる	①英表Ⅰ／英表 授業、定期考査

ス」で、教科書本文を音声で聞きながら△ Paragraph chartを完成させていくアクティビティと連動しています。コミュニケーション英語だけでなく、英語表現とも連動しています。「書くこと」について1年1学期の評価項目には「身近な事柄についての自分の意見や考えを50語程度で書くことができる」とあり、授業では『Departure English Expression I』（大修館書店）Lesson 1で「あなたの

聞くこと		読むこと		学年
学習到達目標	科目・評価	学習到達目標	科目・評価	
③ 1分あたり150語程度の英語を聞き、要点を80語以上の英語でまとめることができる	③C英Ⅲ／総英授業、定期考査	③ 毎分130語の速度で長文を読み、要点を80語以上の英語でまとめることができる	③C英Ⅲ／総英授業、定期考査	3年
② 1分あたり150語程度の英語を聞き、要点を60語以上の英語でまとめることができる	②C英Ⅲ／総英授業、定期考査	② 毎分100語の速度で長文を読み、要点を60語以上の英語でまとめることができる	②C英Ⅲ／総英授業、定期考査	
① 1分あたり150語程度の英語を聞き、要点を40語以上の英語でまとめることができる	①C英Ⅲ／総英授業、定期考査	① 500～600語の英文を読み、要点を60語以上の英語でまとめることができる	①C英Ⅲ／総英授業、定期考査	
③ 1分あたり150語程度の英語を聞き、要点を30語以上の英語でまとめることができる	③C英Ⅱ／総英授業、定期考査	③ 500～600語の英文を読み、要点を50語以上の英語でまとめることができる	③C英Ⅱ／総英授業、定期考査	2年
② 1分あたり150語程度の英語を聞き、keywordsを抜き出したうえで、要点を日本語でまとめることができる	②C英Ⅱ／総英授業、定期考査	② 500～600語の英文を読み、要点を日本語でまとめることができる	②C英Ⅱ／総英授業、定期考査	
① 1分あたり150語程度の英語を聞き、要点をkeywordsでメモすることができる	①C英Ⅱ／総英授業、定期考査	① 500語～600語の英文を読み、トピックセンテンスを抜き出すことができる	①C英Ⅱ／総英授業、定期考査	
③ 1分あたり150語程度の英語を聞き、要点をkeywordsでメモすることができる	③C英Ⅰ／総英授業、定期考査	③ 500～600語の英文を読み、要点をkeywordsで抜き出すことができる	③C英Ⅰ／総英授業、定期考査	1年
② 1分あたり150語程度の英語を聞き、パラグラフチャートを作ることができる	②C英Ⅰ／総英授業、定期考査	② 500～600語の英文を読み、各段落の主題を把むことができる	②C英Ⅰ／総英授業、定期考査 ①英表Ⅰ／英表授業	
① 基本的な教室英語を理解し、教師の指示通りに動くことができる	①C英Ⅰ／総英授業 ①英表Ⅰ／英表授業	① 1つの英文を、センスグループを考えながら音読することができる	①英表Ⅰ／英表授業	

中学時代について50語程度の英語で表現してみましょう」、Lesson 2で「あなたの友人について60語程度の英語で表現してみましょう」、Lesson 3で「あなたの住んでいる地域について60語程度の英語で表現してみましょう」という課題に取り組んでいます。なお、「書くこと」の学習到達目標は、2年生の3学期から3年生まで同じ文言です。2年生の3学期の学習目標に到達させた後は、パラグ

ラフライティングを繰り返すことで、ミステイクを減らし、内容も説得力のある
ものにするなど、正確さとクオリティーを高めていきます。

CAN-DOリストを使って、生徒に各学期の最初と最後に自己評価させることで、
授業の目的を再確認させています。生徒の自己評価は成績には反映されません。

図表 17 ● H27 1学年　CAN-DO リスト自己評価シート

次の評価項目は1年生の各学期で、各自が到達すべき英語の技能です。調査は各学期末
に行います。成績にはまったく反映されません。
5段階評価基準：「5」（80％以上）「4」（65％以上）「3」（45％以上）
　　　　　　　　「2」（30％以上）「1」（30％未満）

学期	【話すこと】評価項目	評価
3	聞いたり読んだりした内容について、keywords を見ながら、自分の言葉で再現できる	1－2－3－4－5
2	司会者または登場人物として、原稿を見ずに意見の交換ができる	1－2－3－4－5
1	1つの主題について、いい点と悪い点を話すことができる	1－2－3－4－5

学期	【書くこと】評価項目	評価
3	身近な事柄についての自分の意見や考えを 80 語程度で書くことができる	1－2－3－4－5
2	身近な事柄についての自分の意見や考えを 60 語程度で書くことができる	1－2－3－4－5
1	身近な事柄についての自分の意見や考えを 50 語程度で書くことができる	1－2－3－4－5

学期	【聞くこと】評価項目	評価
3	1分あたり 150 語程度の英語を聞き、要点を keywords でメモすることができる	1－2－3－4－5
2	1分あたり 150 語程度の英語を聞き、パラグラフチャートを作ることができる	1－2－3－4－5
1	基本的な教室英語を理解し、教師の指示通りに動くことができる	1－2－3－4－5

学期	【読むこと】評価項目	評価
3	500 ～ 600 語の英文を読み、要点を keywords で抜き出すことができる	1－2－3－4－5
2	500 ～ 600 語の英文を読み、各段落の主題をつかむことができる	1－2－3－4－5
1	1つの英文を、センスグループを考えながら音読することができる	1－2－3－4－5

生徒番号＿＿＿＿＿　氏名＿＿＿＿＿＿＿＿＿＿＿＿＿

本校ではCAN-DOリストは授業に落とし込む形で使用します。平成27年10月に行った研究授業の指導案を見ると「本時の展開」で次のように授業に落とし込まれています。

学年・科目名	教科書名／レッスンタイトル（パターン：コース名）	本時の展開／「CAN-DOリスト」の形での学習到達目標における位置付け
1年コミュニケーション英語Ⅰ	UNICORN English Communication Ⅰ（文英堂）Lesson 6　El Sistema: The Miracle of Music（パターンC：あっさりコース）	1学年の「聞くこと」における2学期の学習到達目標は「1分あたり150語程度の英語を聞き、パラグラフチャートを作ることができる」である。
2年コミュニケーション英語Ⅱ	CROWN English Communication Ⅱ（三省堂）Lesson 5　Txtng-Language in Evolution（パターンB：こってりコース）	2学年の「読むこと」における学習到達目標は「500〜600語の英文を読み、要点を日本語でまとめることができる」である。なお、本時の本文の語数は500語に満たないが、本時はサマリーシートで本文を100字程度の日本語で要約することである。500〜600語の要約を目指した準備と考える。
1年英語表現Ⅰ	Departure English Expression Ⅰ（大修館書店）Lesson 8　Where Would You Like to Travel？	1学年の「書くこと」における2学期の学習到達目標は「身近な事柄についての自分の意見や考えを60語程度で書くことができる」である。この課の最終タスクは、行ってみたい旅行先について70語程度の英語で書くことである。
2年英語表現Ⅱ	Departure English Expression Ⅱ（大修館書店）Lesson 9　Are You Old Enough to Vote?	2学年の「聞くこと」における2学期の学習到達目標は「1分あたり150語程度の英語を聞き、keywordsを抜き出したうえで、日本語でまとめることができる」である。この課では「日本語でまとめる」代わりに、「口頭で内容を再生する」ことを目標にしている。

CAN-DOリストは作ったものの運用されていないケースがほとんどだと思います。本校のCAN-DOリストは、「コミュニケーション英語」と「英語表現」のバランスが偏っていたりと、まだ十分なものではありません。作ることが目標ではなく授業の改善に役立つように、生徒の自己評価と教師側の授業への落とし込みで使用していますが、まだまだ簡単に利用するために改善の余地があります。

第**7**章　［座談会］

田名部高校教員座談会
──Trial and Error の軌跡──

Contents

田名部高校教員座談会　　172
TANABU Modelの取り組みへの評価（談話）　　189

●座談会参加者：金谷 憲（東京学芸大学名誉教授／司会・前列中央）、今井啓之（青森県立田名部高等学校校長／紙上参加）、堤 孝（同校外国語科教諭・研究主任／前列左から2人目）、相馬唯成（同校外国語科教諭／後列左から2人目）、菊池 希（同校外国語科臨時講師／前列左端）、武川真樹（同校外国語科教諭／後列中央）、伊藤桃子（同校外国語科教諭／後列右端）、音喜多佐江（同校外国語科教諭／後列右から2人目）、中田洋平（同校外国語科教諭／後列左端）、笠井道生（同校外国語科教諭／紙上参加）、田中 新（平成25～27年度同校外国語科教諭、28年度より青森県立大湊高等学校川内校舎勤務／前列右端）、髙橋理恵（平成25～27年度同校外国語科教諭、28年度より青森県立大間高等学校勤務／前列右から2人目）【写真撮影_中野 淳】
●談話：伴 一聡（青森県教育庁学校教育課指導主事／紙上参加）
（座談会・談話の参加者の所属は刊行当時のものです）

青森県立田名部高等学校（以下、田名部高校）の先生方はTANABU Modelにどう向き合い、実践と改善を重ねてきたのだろう。現場の率直な声を聞くことは、同じように英語の授業改善に取り組もうとする全国の先生方にとって、貴重な情報となるはずだ。

指導に当たった金谷 憲先生（東京学芸大学 名誉教授）を司会に、同校の外国語科の先生で座談会を行った。

TANABU Modelの始まり
不安の中、走りながら考える

金谷 憲先生（以下、金谷）：最初に、平成25年度、田名部高校が文部科学省の拠点校事業の指定を受けた時の状況から伺いたいと思います。

堤 孝先生（以下、堤）：校長先生から指定を受けたと告げられた時は、「大変なことになってしまった」と思いました。指示された目標は、生徒の「英語コミュニケーション能力」と「論理的思考力」を上げることだったのですが、そのためにはいったいどうしたらいいのか、何をしたらいいのか、まったく分からない状態で。今でこそ「TANABU Model」としてまとまったものになっていますが、しっかりしたものを作ってスタートしたわけではありません。自分たちでできるより良い形を求めていった結果こうなったということですね。走りながら考えてきたというのが率直なところです。

開始当初に心配したのは、まず、オールイングリッシュの授業に生徒がついてこられるのかな、ということ。それと、田名部高校に入学してくる生徒は、英語が得意な生徒から苦手な生徒まで、学力差が大きいので、ペアワークやグループワークをさせると、飽きる

実践と話し合いを繰り返し
ながら作ってきた

自分たちでできる、より良い形を求めて

金谷 憲
（東京学芸大学名誉教授）

生徒が出てくるのではないかということでした。

　そしてもう一つが、コミュニケーション中心の授業になって、単語や文法を説明する時間がなくなることで、模試の成績が下がるだろうということです。最初に一緒に1年生を担当した2人を前に、「模試の成績は下がるだろうから、厳しい指摘を受けるかもしれない。でも、私が責任を取るから……」なんて話したのを覚えています。

金谷：当時一緒に1年生を担当した田中先生は、事業がスタートした頃にどう感じていたか、覚えておられますか？

田中 新先生（以下、田中）：私は立ち上げ時期がまだ新卒2年目だったので、正直言って、ことの重大さが分かっていなかったんです。授業改善以前の部分で精いっぱいで。

　ただ一つ言えるのは、拠点校事業が始まってから、むしろ楽になったということです。1年目は一人で、明日の授業をどうするか、と毎日悩み悩み進めていたんですよね。ところが拠点校事業が始まってからは、1年生担当の先生3人で話し合いながら進められるようになったので。3人で一つのワークシートを作り上げて、「こういう風に授業をやっていこう」と一つ一つ積み重ねていくようになったことで、一人で抱え込むということがなくなって、精神的な負担が減ったんです。

金谷：なるほど。まっさらなところからのスタートだったのがかえって良かったんでしょうね。では、途中から加わった先生方はどうですか。戸惑いはありませんでしたか？

菊池 希先生（以下、菊池）：私は、最後の旧課程の生

堤 孝
（田名部高校外国語科教諭・研究主任）
第2〜6章著者。215ページ参照

菊池 希
（田名部高校外国語科臨時
講師）
H26年度に3年生、H27
年度に1年生を指導。フル
ブライト語学アシスタントプ
ログラムを経てH29年度に
復職

中田洋平
（田名部高校外国語科教諭）
H27年度に2年生、H28
年度、H29年度に3年生
を指導

徒たちを受け持っていたので、新課程の1、2年生担当の先生方が、研究協議会を開催しながら新しい取り組みを始めているのを少し離れて眺めていました。

実際に取り組むようになったのは、3年目からですね。

中田洋平先生（以下、中田）：私はTANABU Modelには3年目から加わったのですが、ここが初任校で、高校の授業自体も初めてだったこともあり、かなり戸惑いました。

実際授業を始めてみて感じたのは、教壇に立つと、ついいろいろと教えたくなる、ということです。それをこらえながら、「とにかく今は学年担当の3人で決めた通りに進めないと」と我慢を重ねる感じでした。

1年進めていく中で、「なるほど、こうやって生徒の自主性を伸ばしていくのか」、とTANABU Modelの狙いの部分に気が付いていきました。

相馬唯成先生（以下、相馬）：私も赴任当初は、よく分からぬまま進めていたように思います。ワークシートはたくさんあるし、どうやらせればいいのかも分からず、試行錯誤でしたね。当時はTANABU Modelについて、「ただひたすら時間を計って、生徒にワークシートをやらせている」というような印象を受けていたと思います。生徒は楽しそうだけど、本当にこれでいいのかな、と心配でした。

2年目に入ってようやく、生徒への声掛けの仕方とか、ワークシートのアレンジとか、そうしたことが考えられるようになったのですが。

「教える」から「促す」へ
教師の役割を捉え直す

菊池：確かに、私も授業中、生徒に指示を出すだけで、黒板に何も書かずに終わったりするので、不安になりましたね。

武川真樹先生（以下、武川）：リーディングプラクティスの時はほぼ書かないですもんね。ストップウオッチを見ながら指示だけ出しているから、なんだか調教師みたいと感じたりして（笑）。

金谷：「教えなくていいのか」と戸惑うわけですよね。多くの先生方が、「自分の指導を通して生徒が変わる」という先生の役割像みたいなものを持っておられると思います。

伊藤桃子先生（以下、伊藤）：ペアワークやグループワークを観察している時も、うまくいっていない様子を見掛けると、つい声を掛けたくなってしまうんですが、それをぐっとこらえます。教師がどこまで介入して、どこまで距離を置くのかというのを常に考えないといけないのは、割と大変ではあります。

相馬唯成
（田名部高校外国語科教諭）
H28年度、H29年度に1年
生を指導

高橋理恵先生（以下、高橋）：そうですね。私もTANBU Modelの実践を通じて、私の役割は教えることではなくて「気付かせるように仕向ける」ことなんだ、と思うようになりました。

　自分が動くのではなく、「生徒を動かす」ことで、生徒の反応が見えてきます。そこで生徒が楽しそうにやっているのを見ると、教えるこちらも楽しくなる。そうした実感を持つようになりました。

伊藤桃子
（田名部高校外国語科教諭）
H28年度に1年生、H29
年度に2年生を指導

表れ始めた成果と
生徒の変化が指導の励みに

武川：確かに、黒板に書くことや教師が話すことが圧倒的に減ることへの不安はありました。ただ、初年度から一貫して、模試などのデータ管理を担当してきましたので、成績の推移を見て安心したところもあります。

　TANABU Modelの成果が外部試験の結果に表れるようになった時に、自分なりに分析した要因は、授業中に常時活動させることを継続したことで、英語を苦手としていた生徒の不安が和らぎ、下位層が減少、全体の底上げにつながったのだろうということです。

　TANABU Modelでは基本的に予習を前提とせず、授業時間中に全員が活動に取り組みます。それが良い結果を招いたのだと思います。

笠井道生先生（以下、笠井）：私が3年間担当した学年はTANABU Model 2期生で今年の3月に卒業しました。英検取得者数で見てみると、190名中準2級以上が149名、2級以上が44名、準1級が1名でした。また、GTECでは1年次から3年次までの伸びが全国で2位。予想以上の成果に驚いています。

　前年度のTANABU Model 1期生と遜色ない結果が出たことで、TANABU Modelの有用性が証明できたと思います。どの学年、どの学校で授業を行っても応用できると確信が持てました。

金谷：TANABU Modelの肝になるところは、教科書の扱いに軽重をつけることで、1レッスンに15時間かける活動型の授業ができるようになる、ということですよね。「こってりコース」「超こってりコース」を始めたことで、生徒たちにどんな変化が現れましたか？

でも、生徒が自信を付けていくのが分かった

教師として、教えないということは不安

堤：そうですね。それまでの生徒はどちらかというと受け身だったと思います。「超こってりコース」などで、自分たちで考えて表現させるようになったことで、生徒が個性を出すようになり、表情が変わりました。

武川：時間を十分にかけられるレッスンができたことで、「話す」、「書く」というアウトプットの量が増え、英語が苦手な生徒も、キーワードを見ながら一定量の英文を書けるようになっている。ここには、これまでとの大きな違いを感じます。

　書く力については、論理的に書いていくというところを指導することで、もっと伸びると思いますね。

伊藤：私が特に違いを感じるのは、やはりパフォーマンステストですね。

　英語の苦手な生徒も、たとえたどたどしくても、自分の言葉で話せたことで満足気にしています。受け答えや、やりとりの方法を身に付けて、みんなに拍手を求めたりして。そんな風に自信を付けていく様子が見られるのが何よりうれしいです。

笠井：私の一番好きなアクティビティは2年生で行うディベートです。英語でディベートと言うと、誰もが難しいという印象を受けますが、TANABU Modelのワークシートで進めていくと、どんな生徒もプロセスを踏んで、自然とできるようになります。授業の最後、生徒たちの達成感に満ちた顔は素晴らしいですよ。

中田：私は初年時に、英語科の生徒をアメリカに連れて行ったんですが、その時に生徒たちは、アメリカ人を相手に、まったく気後れすることなく英語を使っていました。書くスキルも、「ちょっと書いて」と言うと、「はいっ」といとも簡単に書いてしまうので、ここまで英語に抵抗感がない生徒を育てるなんて、

武川真樹
（田名部高校外国語科教諭）
H25年度から外部試験評価を担当。H26年度に3年生、H27年度、H28年度に1年生、H29年度に2年生を指導。田名部高校の卒業生でもある

笠井道生
（田名部高校外国語科教諭）
H26年度に1年生、H27年度に2年生、H28年度に3年生を指導と、TANABU Model2期生を持ち上がり、H29年度は3年生を指導

第
7
章

音喜多真佐江
（田名部高校外国語科教諭）
H28年度、H29年度に3
年生を指導。前任校でも、
TANABU Modelを取り入
れた授業を行っていた

TANABU Modelってすごいな、と思いました。

相馬：私も生徒たちが「楽しかった」「前より話せる
ようになった」と笑顔を見せてくれるたびに、「やっ
ていてよかったな」と思います。

　一方で、軽重をつけるための「超あっさりコース」
については、まさにあっさり過ぎて、いったい何だっ
たんだ？という反応を見せる生徒もいます。「超あっ
さりコース」については、これからどう変えていくか
を考えていかないといけないと思っています。

ベストなものなど分からない
変化を続けるTANABU Model

中田：あと、リーディングプラクティスなどで、正確
さが伴わないのをどうすればよいか、というのも悩み
ますね。アクセントや発音については、気付いたとこ
ろは直すようにしているのですが、何か、正確さも伴っ
た練習になるような工夫ができないかな、と考えてい
ます。

音喜多真佐江先生（以下、音喜多）：私は去年異動し
てきて、最初に3年生の授業を担当しました。

　前任校にいる時に、研修などで堤先生のお話を聞い
たり、授業を見せていただいたりしていたので、
TANABU Modelについてはよく知っていましたし、
実際に前任校の授業にも取り入れていたほどです。
TANABU Modelへの強い関心があったので、異動が
決まって、これは貴重な機会をいただいたとうれしく
思っていました。

　3年生は、すでに2年間TANABU Modelで学んで
きた生徒たちだったので、何も心配ないと思っていま

した。ところが、３年生ともなると、受験のために、模試対策や文法をやりたいと言い出す生徒がいて、生徒たちにも不安がないわけではないということが分かりました。

そこで、実は最初に生徒たちに白い紙を渡して、「愚痴、不満全部書いて」と言ったんです。「TANABU Modelをぶっ壊せ！」って（笑）。もちろんその後ぶっ壊してはいませんが、この結果、「もう一回基礎をやろう」ということになりました。

生徒たちが不安に思っていることは、私たち教員には分からないですし、全部変えなくても、足りないものを付け加えたらいいのかな、と思って。

TANABU Modelのみでゴールに無事到着すればいいですが、進路目標の達成のために、書くこと、語彙力、それと質と量のバランスは日々悩みます。それをそのまま学年担当の他の先生方と共有し、話し合いながらやっています。

武川：私も、外部試験の成績を踏まえて、不足する部分をどう補てんするか、ということを考えながらやってきました。ちょうどTANABU Modelを始めて、２年目、３年目という変革期でもあったので、意識的にそういうことにトライしようと心掛けたんです。

「正確さを高めるには生徒たちにどんなワークシートをやらせればいいだろうか」と考えて、指導の順番を変えてみたこともあります。こうしたマイナーチェンジを重ねたことで、マンネリ化も防げたと思います。

授業一つ一つをどうするか、というよりも、一年を通してやっていく中で、足りない部分を補足しながら進めていけたらいいな、と思いますね。

堤：そうですね。TANABU Modelは今も発展途上で、

足りないものは付け加えてもいいと気付いた

文法、語彙、正確さ……生徒たちにも不安はある

第7章

ベストなものなんて分からない。でも、分からないからこそ、いいものができるのかな、と思います。「これがベストだ」と思うと、進化は止まりますから。

菊池：私はTANABU Modelで指導をしているうちに、もっと自分自身の英語力を上げたいと思うようになり、1年アメリカへ勉強に行ってきました。

今年復職し、幸いにも再びTANABU Modelで教えるようになったのですが、マイナーチェンジをしながら続いていたことがとてもうれしかったんです。

金谷：全国各地、いろいろな学校を見てきましたが、一般に、○○法、○○方式などとまとめると、茶道の表千家・裏千家じゃないですが、型を重視するようになって、凝り固まってしまいがちです。ところが、田名部高校では、そうならないように強く意識されていて、変わり続けている。これは素晴らしいことだと思います。

それともう一つ、私がいいなと思ったのは、試行錯誤の過程を、先生方がごく自然なこととして共有していることです。

校内研修の場で各先生方から報告がありますが、「このようなプリントをやらせてみたが、うまくいかなかった」などといった報告が当たり前のようになされます。ところが、田名部高校はここで終わりません。「そこで、このように変えてみたら、うまくいきました」という報告がなされるわけです。

このような校内研修は本当にまれです。みんなで共有して議論しようという環境ができているんでしょうね。

菊池：確かに、否定的な視点ではなく、「今プラスαで何ができるか」という視点で、次に向けて新しいことを考えることが多かったですよね。

皆で共有して議論し、改善していく
うまくいかなかったことも含めて

田中：私は昨年異動するまで、３年間TANABU Modelをやらせていただきましたが、学年担当の３人、職員室の席も近かったこともあると思いますが、「会議」の場を設けなくても、いつでも話ができていました。

「生徒にこんな風に言われたけれど、どうしたらいいんでしょう」といった半分愚痴のような相談も、授業の後すぐにできましたし、常に生徒の反応を共有しながら、相談しながらできたので、やりやすかったです。

高橋：同感です。私も昨年度転勤になりましたが、なんとも風通しの良い職場だったな、って思います。

金谷：この話、後で紙面で見ると、うまくまとめたように見えるかもしれませんが（笑）、田名部高校の場合は実際にそうなんですよね。

同僚性の向上という点では、私も心配をしたことがありませんでした。

高橋理恵
（青森県立大間高等学校教諭）
田名部高校でH25年度に３年生（旧課程）、H26年度に２年生、H27年度に３年生を指導し、H28年度に現職へ転任

下北半島から青森県へ、全国へ広がるTANABU Model

金谷：昨年異動された先生方は、その後、TANABU Modelの経験をどう生かしておられますか？

高橋：私は現任校でもTANABU Modelで授業を行っています。堤先生が全国で講演や研修をされたり、いろいろな先生方から相談を受けたりしておられるのを見て、TANABU Modelで指導した経験をどうにか生かしていかないといけないな、と思ったんです。

現任校は学年２クラスと規模が小さい上に定員割れもしている状態で、生徒たちの理解力・学力も高いとは言えません。最初赴任した時には、単語の意味すら、授業中に先生に直接教えてもらっているというような

田中（旧姓・佐藤）新
（青森県立大湊高等学校川
内校舎教諭）
H25年度に田名部高校で
TANABU Model第1期1
年生を指導。H26年度に2
年生、H27年度に3年生を
指導し、H28年度に現職へ
転任

状態でした。また、田名部高校以上に若い先生が多い
ので、生徒に対してだけでなく、一緒に教える教師に
対してもフォローを入れることが多い状態です。それ
でも、基礎から学ばせたい、何よりも英語を楽しんで
ほしいと思って、TANABU Modelを導入しました。

　100パーセント同じ形ではできていませんし、正直
数字はまったく期待せずにいたんです。ところが、1
年がたって、最近、田名部高校でよく見掛けたような、
生徒たちが廊下でふざけて英語を使っている姿を見掛
けるようになりました。そして、基礎力を診断する外
部試験の成績も伸びているんです。1月に受けた試験
で、英語の学習到達度（GTZ）が上昇した生徒数が
半数近くに上り、義務教育範囲の理解度を示す数値も
上がりました。

　田名部高校で金谷先生がおっしゃったように、1年
目はどこでも伸びる。真価が問われるのは2年目から
だと肝に銘じています。前向きに頑張っていきたいと
思います。

田中：現在私の勤務している高校は、全校生徒が約
60名という小規模校で、英語に対して苦手意識を感
じている生徒が多く、田名部高校とはまったく異なる環
境にあります。昨年の春に赴任し、何とかTANABU
Modelを取り入れようと、試行錯誤してきました。当
時2年生だった生徒たちには、当初大ブーイングを受
け、一度やめようと思った時期もありました。しかし
半年もすると生徒たちも慣れたようで、「英語の授業
が楽しくなった」「前よりも英語が好きになった」と言っ
てくれるようになりました。英語をまったく発音でき
なかった生徒たちが、ディクテーションをできるまで
に成長したり、英文を見るだけで拒否反応を起こして

いた生徒たちが、未知語の意味を推測しながら、本文を理解しようとするようになったり。こうした様子を見ているうちに、肩の力が抜け、リラックスして授業ができるようになりました。

今は、TANABU Modelそのままではなく、部分的に導入しています。ボトムアップではなくトップダウン式の理解で授業をスタートすること、各レッスンに強弱をつけること、各学期に必ずパフォーマンステストを取り入れることなど、TANABU Modelの根底にあるものを大切にしながら、目の前の生徒たちの実態に合わせた形で活動を組み替えたり、新しいものを取り入れたりしています。

今感じているのは、「TANABU Modelの形は一つではない」ということです。"田名部高校のTANABU Model"をそっくりそのまま同じように実践するのではなく、各学校の状況や生徒の実態に合わせて"それぞれの学校のTANABU Model"を作り上げる必要があると思います。

TANABU Modelの形式そのものではなく、根底にある考え方がより多くの英語教員の方に広まっていくことを願っています。

堤：そうですね。 授業を行う人に合わせて変えられる柔軟性がない限り、モデル自体の持続可能性もなくなってしまうように思います。

TANABU Modelを作る際に最も強く意識したのが、「持続可能性」と「汎用性」です。

私もそうですが、一口に英語教師と言っても、発音が苦手な先生もいれば、ずっと英語で話し続けるのが苦手な先生もいる。そうした先生方を責めても仕方がないわけで、どんな教師が、どんな生徒を相手に担当

汎用性の高いモデルであるべき

学校の状況や生徒の実態に合わせて変えられる

第**7**章

しても、問題なく授業ができて、生徒の成績を上げられてこそ、持続可能な授業モデルと言えると思います。

金谷：教えることを取捨選択して効率よく教えたいと考える先生は、全国にたくさんいらっしゃるでしょう。でも、そのアイデアを実際の授業モデルに落とし込んで実現するというのは、なかなか難しい。だから、TANABU Modelの取り組みを全国の先生方との共有財産にできることは、本当にうれしいことです。

　実際、山形県立新庄北高等学校では、TANABU Modelを使って、コミュニケーション英語と英語表現を合科し、一人の先生が担当するという試みを行っています。こうしたTANABU Modelの次の展開が始まっているのは素晴らしいですよね。

　また、岐阜県立長良高等学校では、「コミュニケーション英語」の授業で教科書のレッスンの扱いに軽重をつけ、アウトプット活動を実施。さらに「英語表現」の授業を使って、科目間横断で教材の再利用を行い、練習を繰り返していくという「長良メソッド」を実践しています。これは、田名部高校と同様、新課程になった平成25年度に、長良高校が「グローバル・コミュニケーション育成支援事業」の拠点校に指定されたことをきっかけに始まった授業改善の取り組みの中で生み出されたものです。そして、やはりTANABU Modelと同様、実践して、リバイズしてまた実践してという過程を経て作られています。

　長良高校の実践に関わった先生方も、活動の型や技ではなく、その背景にある理念が広がっていけばいいというお話をされていたのですが、こうしたまさに理念を近くする学校間が情報共有をすることで、さらに新しい試みも生まれてくるかもしれません。

生徒に「使える英語力」が身に付いた

英語が好きになった⇕学力が伸びた

田名部高校の次の100年に向けて
最上級の教育を提供したい

金谷：ここまでお話を伺ってきましたが、先生方全員が、胸を張って誇らしげに「田名部高校の生徒は英語が大好きです」と発言しておられたことが非常に印象に残りました。

　先生方の努力で「英語が好きにはなった」、でも「学力はそれほど伸びていない」という事例はたくさんあります。これが、英語授業改善につながらない原因の一つになっていると思います。しかし、田名部高校では、先に述べたように「好きになって、さらにできるようになった」のです。もしかすると、これは順序が逆、つまり「できるようになったから、好きになった」のかもしれませんが。

　TANABU Modelの取り組みを通して生徒たちは、事業の目標であった「英語コミュニケーション能力」と「論理的思考力」はもちろんのこと、進む英語教育改革の流れの中で求められている「使える英語力」が身に付いたと言えると思います。

今井啓之校長先生（以下、今井）：校長会に参加して感じるのですが、数年後に始まる新しい大学入試に向かって、現場はあたふたしています。対応しなければならない、でも具体的に何をしたらいいのか分からない、結果、何もやっていない……というのが現状だと思います。

　そんな中で私は、「TANABU Modelをやってください。これをやれば新テストに対応できますから」というようなことを、とにかく話すようにしているんです。「授業を見てください、若手のやる気のある先生をど

今井啓之
（田名部高校校長）
H29年度に現職へ着任。
自身の専門教科は数学科

んどん本校へ派遣してください」と言い続けています。
こうしてTANABU Modelに触れた先生方が各校に散らばっていくことで、まず青森県が、4技能の指導がしっかりできる、そういう県になっていけるんじゃないかな、と。

　田名部高校が先進校として、青森県内の英語教育をリードしていくんだと、そういう意気込みでやってくれればと思っています。

金谷：今井校長は、数学がご専門でしたよね。他教科への広がりという点ではどうお感じになりますか？

今井：はい。私自身もそれなりに型破りな指導をしてきた方で、指導書に書かれている時間の目安を無視して、端折れるところは短く、その代わりに、経験上時間をかけるべきところに時間をかける、といったことを行っていた時期があります。指導内容に応じて教科書の扱いのウエートを変えるということは、他教科でもぜひやってみてほしいと思いますね。

　ただ、まだ本校内でも、TANABU Modelを理解できていない先生方もいるので、まずは校内理解からと思っています。TANABU Modelは他教科にも通用するモデルなんだということを、校内から始めて、校外、県外にも発信していきたい、と考えています。

金谷：田名部高校は昨年、100周年を迎えられた、ということで、次の100年に向けて、いいスタートが切れますね。

堤：そうですね。このメンバーの中で、武川、菊池と私は、田名部高校の卒業生なので、特に思いは強いかもしれません。

　ここ、青森県むつ市というのは、下北半島の先端、県内でも交通の便がいいとは言えないエリアというこ

ともあり、人の流動が多くありません。生徒たちに「国際的に活躍できる人材」をイメージしてもらうためには、多くの人に学校に足を運んでもらう必要があります。ですので、TANABU Modelが広がり、全国各地から多くの先生方に授業を見に来ていただくことほど、うれしいことはありません。

武川：そうですね。常々生徒たちにも、「進学するのであれば、県外に出て、帰ってきて還元できるのであれば還元してほしい」と話しているのですが、学ぼうとすると一度は外に出ないといけない地域ですので。

堤：だからこそ、教育だけは自分たちが考える最上級のものを提供したいと思っています。そうしたら、卒業後どこに行っても、自信が持てるはずなので。

　「TANABU Model」とモデル名に学校名を入れたのも、名前を付けることで、田名部高校にいる生徒、そして教師が自信を持てると考えたからです。

　下北半島は少子化も進み、本校のクラス数も、私が生徒だった時代に比べ半減しています。短命県として有名な青森県の中で、さらによくない数字を出していたりする。下北をハンディキャップに思っている生徒も多いと思うんですが、それを跳ね飛ばしてほしいんです。生徒たちがどこに行くにせよ、求められるその場所で最高に活躍してほしいと思うのです。

金谷：私も、このモデルが青森市ではなく、八戸市ではなく、弘前市でもなく、ここで生まれたということは大きいと思います。

堤：取り組みが、こうして一つの形にまとまったのも、生徒のおかげでもあるな、と。生徒たちはいつもノッてついてきてくれましたから。

　本州の最北端、下北半島で生まれたこのTANABU

世界へ、自信を持って羽ばたいてほしい

下北半島の田名部から

Modelが、青森県全域に、そして全国にと広がることで、
田名部高校の生徒たちが、自信を持って全国へ、世界
へ羽ばたいてくれるといいな、と思います。

TANABU Modelの取り組みへの評価
（談話）

伴 一聡先生（青森県教育庁学校教育課指導主事）

伴 一聡
（青森県教育庁学校教育課
指導主事）
H28年度に現職へ着任。教
諭時代にTANABU Model
の研修会にも参加しており、
H27年度には、文部科学
省の英語教育推進リーダー
研修を堤先生と共にしてい
る。英語教育推進リーダー

　田名部高校の取り組みは英語教育の一つの理想の形だと思っています。

　理由はたくさんありますが、まずはチームとして英語科が機能しているということ。教員時代、新しい取り組みを始めたいと思っても、校内でのコンセンサスがとれず、そもそも始められない、という経験をしたことがあります。同僚性の高さは最も評価できるところです。

　田名部高校では、管理職も含めて教員同士、そして教師と生徒も英語のゴールを共有しています。これにより、生徒が学びたいことと教員が教えたいことのミスマッチも起こりにくいと思います。

　次に、教材の共有化です。教員は多忙です。さまざまな取り組みをしたいと考えていても、実際にやるとなるとその準備に時間はかかるし、わずか1時間の授業のために毎時間作り込もうと思わない、というのが正直なところでしょう。しかし、教材を共有することで、準備に要する時間を大幅に節約できます。自分の数時間の授業のみならず、他の先生の数時間分にも充てられる。効率性の面でも非常に効果的だと思います。

　プログラム評価の面で、年間を通じて実施した取り組みをきちんと外国語科の中で評価し、課題を見つけ、どう解決するかということをよく話し合ってから、次年度に生かす、というところも素晴らしいですね。こうした振り返りの重要性はよく言われることですが、実践している学校はまだまだ少ないと思います。

第
7
章

さらにGTECや英検などの外部検定試験を利用し、成果を数値で見せているというのも重要なポイントだと思います。これにより、分かりやすく受け入れられやすい。

　ほかにも挙げ出すと切りがないのですが、優れた取り組みとして、TANABU Modelについて、県内外へご紹介する機会は増えています。

　拠点校事業という点では、昨年平成28年度をもって、田名部高校は一区切りつきますが、次の拠点校にもこのスピリットを引き継いでいってほしいですし、全県的に、全国的に広がっていくことを願っています。

第8章 ［寄稿］

授業改善実践報告
―田名部だけじゃない "TANABU Model"―

Contents

山形県立新庄北高等学校の取り組み　192
岐阜県立長良高等学校の取り組み　198

山形県立新庄北高等学校の取り組み

髙橋美和子（山形県立新庄北高等学校英語科教諭）

取り組みの概要

　本校では、青森県立田名部高等学校のTANABU Modelを参考に、レッスンの内容と目的に応じて、配当時間に軽重をつける方法を取り入れており、さらに平成28年度入学の年次から、「コミュニケーション英語（以下、コミュ英）Ⅰ/Ⅱ」と「英語表現（以下、英表）Ⅰ/Ⅱ」の「合科（コミュ英と英表を合わせて、同一の教員が担当する方式）」に取り組んでいます。

取り組みに至った背景

　金谷憲先生のご紹介により、平成27年度から英語科内研修として、「ELEC出前研修制度」を利用しています。当時は本校が単位制に移行した時期で、どのように3年間の授業をデザインしていくか模索している最中でもあり、金谷先生から全国の学校の取り組みや研究結果についてのお話をお聞きしながら話し合いを重ねていました。

　その中で、「アウトプットの時間が取れない状況をどう解決していくか」が問題になり、その解決策としてTANABU Modelを紹介してもらいました。平成27年度にまずはコミュ英で取り入れてみたところ、アウトプットまで持っていけるレッスンが増え、アウトプットにかける時間も増えました（具体的な数字は195ページ【図1】参照）。

　その後、もっとアウトプットにかけられる時間を増やせるのではないか、もっと効率よくできるのではないかと試行錯誤を重ね、平成28年度より「合科」をすることになりました。

取り組みの詳細

（1）年間学習計画

新庄北高等学校　H29 年間学習計画【コミュ英 I と英表 I 合科 version】

月	単元	題材・形式	主な言語材料	時間	《英表 I 各レッスンの順序》
4	コア・ラーニング	Strip Story／Loud Speaker	中学語彙・文法	7※	
5	Lesson 1【こってり】A Village of One Hundred	世界情勢［エッセイ］	to 不定詞／It の用法（1）	13	Lesson 7 不定詞／Story Retelling
6	Lesson 2【あっさり】More Than Just a Piece of Cloth	伝統文化［説明文：手紙形式］	関係代名詞／助動詞（1）／受動態（1）	5	Lesson 5 助動詞／Lesson6 受動態／Lesson10 関係詞
7	Lesson 3【超こってり】I Am Malala	教育［エッセイ］	現在完了進行形／過去完了形／動名詞（1）	18	Lesson 4 完了形／Lesson8 動名詞／Story Retelling／Recitation
8	Lesson 4【こってり】Borneo's Moment of Truth	環境［説明文］	分詞（1）／比較	13	Lesson 9 分詞／Lesson 11 比較／Story Retelling
9	Lesson 5【超こってり】Alex's Lemonade Stand	ボランティア［エッセイ］	原形不定詞／SVO＋if 節／wh-節／It の用法（2）	18	Lesson 7 不定詞／Story Retelling／Interview Show
10	Lesson 6【あっさり】Willpower and Sleep	科学［説明文］	受動態(2)／関係副詞／助動詞（2）	5	Lesson 5 助動詞／Lesson 6 受動態／Lesson10 関係詞
11	Lesson 7【こってり】Mother of Women's Judo	スポーツ［説明文］	過去完了進行形／動名詞（2）／分詞（2）	13	Lesson 4 完了形／Lesson 8 動名詞／Lesson 9 分詞／Story Retelling
12	Lesson 8【こってり】Water Crisis	経済［説明文］	仮定法過去／関係代名詞の非制限用法／seem＋to 不定詞	13	Lesson 10 関係詞／Lesson 12 仮定法／Story Retelling
1	Lesson 9【超こってり】Coffee and Fair Trade	経済［説明文］	分詞構文／未来完了	14	Lesson 4 完了形／Lesson 9 分詞／Story Retelling／Trading Game (Negotiation)
2 3	Lesson 10【あっさり】Life in a Jar	戦争平和［説明文］	前置詞＋関係代名詞／仮定法過去完了／否定	5	Lesson 12 仮定法

※5月以降は2週に1回ずつ実施

年間学習計画を立てるにあたり、TANABU Modelを参考に「超こってり・こってり・あっさり」と、レッスンの配当時間に軽重をつける方法を取り入れることにしました。後述する「（2）授業の基本の流れ」は「こってり」に分類しています。

　さらに、コミュ英で扱う文法項目に合わせて、英表のレッスンの順番を入れ替えることで、文法説明の時間を短縮してアウトプットの時間を捻出しました。また、効果的な運用のために、1年次はコミュ英Ⅰ（3単位）・英表Ⅰ（2単位）合わせて「英語」を週5時間、2年次はコミュ英Ⅱ（4単位）・英表Ⅱ（2単位）合わせて「英語」を週6時間とし、基本的に同一教員が担当することにしました。

（2）授業の基本の流れ

Day 1 ①Oral Introduction（Day 1のみ）⇒②Listening Comprehension（Day 1のみ）⇒③New Words&Phrases⇒④Listening <Q&A>⇒⑤Reading <Q&A>

Day 2 ①Oral Review <words & phrases>⇒②Reading Aloud⇒③Checking the Answers of Reading <Q&A>⇒④Practice　Reading（repeat/slash/blank/look-up/overlapping/shadowing/etc.）

Day 3 ①Reading/Writing Test⇒②Story Retelling ←ここまでPart 1
ここからPart 2→③以下Day 1③以降と同じ

Day 4〜Day 10 Day 3と同じ 【パート1つにつき、約2.5時間】

Day 11 レッスン全体のStory Retelling

Day 12,13 文法演習

　ここまでが、「こってり」レッスンの流れです。

　「超こってり」レッスンについては、 Day 14〜 発表活動（193ページ年間学習計画参照）を入れています。

　「あっさり」レッスンについては、内容理解と文法項目の確認にとどめ、1レッスン5時間で実施しています。

（3）実施前と実施後の比較

【図1】

	平成26年度以前	平成27年度	平成28年度〜
指導状況	・各レッスンとも均等な時間配分（コミュ英は1レッスン各10時間） ・コミュ英と英表それぞれの教科書で順序通りに進める ・コミュ英と英表で担当者が別々	・TANABU Modelを参考（軽重をつけたやり方で進め、発表活動は長期休業中の講習時などに実施。よって、インプットからアウトプットまで期間があく） ・コミュ英と英表の扱う文法項目を関連付ける ・コミュ英と英表で担当者が別々	・TANABU Model導入（インプットからアウトプットまでを連続して行う） ・コミュ英と英表の扱う文法項目と発表活動を関連付ける ・コミュ英と英表を同一教員が担当
発表活動	全授業時数の約10%（年間で1〜2レッスン＋リテリングは2レッスン）	全授業時数の約19% TANABU Modelを参考に、レッスンに軽重をつけることで発表活動をする時間が増えた（年間で2レッスン＋リテリングは7レッスン）	全授業時数の約21% TANABU Modelを参考に、レッスンに軽重をつけ、さらに合科したことで、発表活動をする時間が増えた（年間で3レッスン＋リテリングは7レッスン）

【TANABU Model導入前と導入後】

　導入前は、ほぼ全てのレッスンに等しく時間配当しており、発表活動に十分な時間が取れない上に、最後の1、2レッスンを、次年次の最初に扱っていました。教員に全レッスンをやらねばならないという意識が強く、インプット中心の指導になっていたため、定着活動が不十分で、アウトプットの量も少ない状態でした。

　導入後は、発表活動を見据えてレッスンに軽重をつけることで、より深い定着を目指した授業を展開することができるようになりました。担当者間はもちろん、生徒たちとも、各レッスンで何をするのかを年度当初に共有することで、教員は余裕をもって授業準備ができるようになり、生徒は積極的に授業に参加するようになりました。発表活動の回数とバリエーションも増えました。また、筆記試験とパフォーマンステストの両方から評価するので、生徒の良さや変化を多角的に

見ることができ、英語を使う楽しさを生徒も教員も感じられるようになりました。

【合科実施前と実施後】

　コミュ英ではコミュ英の教科書とそれに関連した活動、英表では英表の教科書の順序に沿った文法事項の説明と表現活動を行っていました。平成27年度には、コミュ英と英表が有機的に噛み合うように、文法項目をコミュ英に出てくる順に並べ替えて扱いましたが、科目によって授業内容や担当者が異なっていたため、それぞれの表現活動は断続的で、発表のためのまとまった時間（練習の時間も含む）を確保することが困難でした。また、週3回・週2回の授業でできる表現活動は非常に限定的でした。TANABU Modelを参考にした「超こってり」レッスンの発表活動は長期休業中の講習時などに行っていました。

【図2】合科実施前〈コミュ英：3単位、英表：2単位〉

コミュ英	コミュ英	コミュ英	英表	英表
教科書			活動	文法	活動

（例）実際の時間割イメージ

㊊	㊋	㊌	㊍	㊎	㊊	㊋
コミュ英	英表	コミュ英	コミュ英	英表	コミュ英	英表
教科書	文法	教科書		文法	活動	文法

　そこで、平成28年度より「合科」を始めました。これにより科目に関わらず連続的な授業ができ、文法等の説明をする時間も発表活動の時間も確保できるようになりました。【図1】のとおり、平成27年度と28年度では発表活動に充てた時間の割合はほぼ変わっていませんが、発表内容にコミュ英の題材に関するもの

を扱うことで、より深いインプットやインテイクが期待できるようになりました。

【図3】SHINKITA 合科方式〈コミュ英：3単位＋英表：2単位〉

（例）実際の時間割イメージ

振り返りと今後の展望

　率直な感想として、TANABU Modelは現行のカリキュラムの中で取り入れやすく、担当者間でも目線合わせがしやすいと思います。いろいろなアイディアを出し合いながら、無理なく英語科全体で取り組むことができます。また、生徒に付けたい力から逆算して教える内容を考えることができるのも良い点です。

　今年度でTANABU Modelを取り入れて3年目、合科を始めて2年目になりますが、年々よりよい形になってきていると感じます。さらに合科を取り入れたことで、生徒にとっては高校での英語を違和感なく受け入れやすく、「英語」という枠組みの中で有機的な学びになっているようです。

　今後は、コミュ英と英表のより効果的な関連付けができるよう、発表活動内容の見直しを行うと共に、評価のあり方について英語科全体で共通認識を深め、生徒たちの英語力向上に寄与していきたいと考えています。

岐阜県立長良高等学校の取り組み

松野恭太（岐阜県立長良高等学校英語科教諭）

取り組みの背景

　本校は、平成25年度文部科学省の「グローバル・コミュニケーション能力育成支援事業」、平成26年度からは「英語教育強化地域拠点事業」の拠点校の指定を受け、岐阜大学の巽　徹教授の指導を受けながら、英語の授業改善に取り組んでいます。田名部高校と時を同じくして取り組みを始め、同じように試行錯誤と改善を繰り返してきました。

　この取り組みでは、生徒の授業における英語の使用機会の増加、そして授業を実際のコミュニケーションの場面とすることを二つの大きな柱としています。

取り組みの経緯と概要

　本校では拠点校の指定を受ける以前より、音読を通して英語の基礎・基本を身につけることを目指した授業を行っていました。当時は、教科書の内容を聞いたり、読んだりしてインプットした後、音読活動で語彙や表現をインテイクさせ定着を図るような実践が行われていました。拠点事業が始まった平成25年頃の課題は、音読による定着をゴールとしていた授業を、アウトプットを行う授業に変えていくことでした。そこでまずは、英文のインプット、音読からインテイク、そしてアウトプット活動への一貫した指導の流れを形作ることに力を入れました。

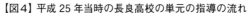

【図4】平成25年当時の長良高校の単元の指導の流れ

　この指導の流れで単元のゴールとして設定した「話す」「書く」のアウトプット活動を行い、生徒が英語を使用する場面を多く作りたいと考えました。

　しかし実際の指導の場面で、4つのパートがある標準的な単元をこの流れで進めると、各パートでインプットに1時間、音読・リテリングなどインテイクに1時間、単元の出口としてアウトプットに3～5時間、さらに評価としてパフォーマンステスト1時間、というように一つの単元に、合計12～15時間かかります。コミュニケーション英語Ⅰは3単位、授業時数は年間105時間程度なので、この方法では、教科書の全ての単元を消化できません。我々の意識としても、教科書を全部教えることに四苦八苦して、教科書を使って何を教えるかという視点が抜けてしまうように思いました。また、単元の出口の活動としてのアウトプットを考える時、その内容や扱われている文法事項などに違いがあり、どの単元も同じように扱うことは難しいと感じていました。

　侃々諤々の結果、こうした問題を解決する方法として、単元によってその扱いに軽重をつける「Nagara メソッド」に辿り着きました。

　単元の扱いに軽重をつける「Nagara メソッド」の場合、アウトプット活動の発想の転換があります。先ほど示した、平成25年頃の単元計画の流れの出発点は、単元のインプットでした。各単元でインプットしたことを単純にアウトプットすることを考えていましたが、この「Nagara メソッド」では、一連の流れの始ま

りをアウトプットの目標（発信させたい英語力）ということにしました。アウトプット活動のために教材をどのようにインプットするか、バックワードデザインによる単元指導の流れを考えました。

● 「Nagara メソッド」による単元指導の流れ
アウトプットの目標→インプット→インテイク→アウトプットの実践
＊アウトプットの目標から始まる、バックワードデザインで考える

「CAN-DOリスト」の形で学習到達目標が4技能についてそれぞれ設定されています。こうした目標を実現するためにどんなアウトプット活動が必要なのか、最初にそれを設定することが、この流れの始まりです。単元ごとの英文の内容やその単元で扱われる言語材料の機能を考え、「CAN-DOリスト」からバックワードデザインで考える単元指導計画を作成しました。それぞれの単元で何をできるようにするのかを明確にすることにより、それぞれの単元に軽重をつけた長良高校としてのカリキュラムデザインを考えました。

取り組みの詳細

【図5】「Nagara メソッド」：コミュニケーション英語Iの年間指導計画

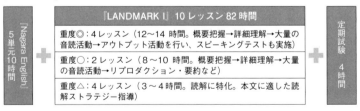

＊『Nagara English』は、中学から高校への英語学習のスムーズな移行を行うための学校独自教材。中学校英語の復習と中学英語でのアウトプット活動を行う
＊『LANDMARK I』（啓林館）は「英語表現II」の表現活動、スピーチコンテストのテーマで再利用

（1）単元の扱いに軽重をつける取り組み

　長良高校では教科書の単元を重度△○◎の３つのパターンに分けて授業を行います。

【重度△のレッスン（例：『LANDMARK Ⅰ』（啓林館）Lesson 2）】

目標：歴史的な出来事について書かれた英文を読み、時を表すディスコースマーカーに着目しながら読み、概要を把握する。（読解）

１時間目	オーラル・イントロダクション、読解ストラテジーの説明
２時間目	Part1～Part4までの通し読み（速読）歴史年表の作成
３時間目	内容の復習・読解ストラテジーの復習、類似英文を用いたストラテジーの演習

＊ 定期テストでは、この英文を読解する時に使用した、読解ストラテジーで読み解く、初見の英文を出題。

【重度○のレッスン（例：『LANDMARK Ⅰ』（啓林館）Lesson 1）】

目標：教科書本文を参考に、その内容について概要をまとめたり、自分の意見を発表する。（読解、語彙の習得、本文の再話・要約）

１時間目	オーラル・イントロダクション、全体の通し読み
２時間～ ９時間目	各Partの内容理解 各Partの語彙・表現の練習 各Part の音読・リテリング
10時間目	内容について要約や自分の意見を話したり、書いたりする

【重度◎のレッスン（例：『LANDMARK Ⅰ』（啓林館）Lesson 7）】

目標：教科書本文にある、プレゼンテーションに役立つ表現を使えるようにし、自分で世界遺産を一つ選びプレゼンテーションを行う。

1時間目	単元全体のオーラル・イントロダクション 教師がスライドを用いて教科書の世界遺産について説明（プレゼンテーションの お手本と本文の概要把握になる）
2時間〜 9時間目	【帯活動】プレゼンテーションに便利な表現の練習 各Partの内容理解 各Partの語彙・表現の練習 各Partの音読・リテリング、ミニプレゼンテーション
10時間〜 12時間目	世界遺産についてのプレゼンテーション準備と発表 3人1組となり、旅行代理店として客に世界遺産へのツアーを売り込む
13時間目	プレゼンテーションの発表（パフォーマンステスト） 教師に対して一人ずつプレゼンテーション

（2）教材のリサイクル

　単元の扱い方に軽重をつけた場合、軽で扱った単元について物足りなさを感じることがあります。一度扱った単元を、のちの機会に再利用（教材のリサイクル）することができれば、そうした気持ちも払拭できると思います。

　また、単元ごとに音読やリテリングなどを行うことでインテイクした英語を、一度自分の頭の中の引き出しに整理し、熟成させておき（本校では、この課程を知識のFermentation と呼びます）、必要な時に、その引き出しから取り出す作業が、実際のコミュニケーションの場面で役立つと考えます。単元で使える状態にした英語を、のちの機会に使う、単元のリサイクルを意識したアウトプット活動の実践を二つ紹介します。

【①パフォーマンステストにおける教材のリサイクル】

　一度学習した教材の中に登場した人物を選び、ペアでインタビュースクリプトを作り発表するというパフォーマンステストを行いました。速読だけで終わっていた扱い方、軽の単元も、生徒が読み直すことができます。

課題：「コミュニケーション英語Ⅰ」などで登場した人物を一人選び仮想の
　　　インタビューを作り発表する。
インタビューの対象者：
　　　①アインシュタイン（『Nagara English』より）
　　　②チャーリー・チャップリン　③マーチン・ルーサー・キング・ジュ
　　　　ニア（『レシテーション題材』より）
　　　④マララ・ユスフザイ　⑤羽生結弦　⑥田中将大（『夏課題』より）
　　　⑦山極寿一　⑧Dr.福島　⑨山田周生（Vasco-5）　⑩血液型博士
　　　⑪ヘイスティング（ベンガル地方知事）（『LANDMARK Ⅰ』より）
インタビューの流れ：
　　　①インタビュー対象者の決定（教材のリサイクル）
　　　②教材の復習、選択した人物の調べ学習（書籍・ウェブサイト）
　　　③インタビュー原稿の作成
　　　④発表練習
　　　⑤発表（パフォーマンステスト）

【②スピーチコンテストでの教材のリサイクル】

　本校では、２年次においてスピーチコンテストを行います。「英語表現Ⅱ」の
時間に２年生全員がスピーチを作成し、コンテスト形式で発表します。このスピー
チコンテストのテーマを、「コミュニケーション英語Ⅰ・Ⅱ」で学習した５レッ
スンから、自分が興味・関心が高かったものを一つ選ぶことにしました。生徒た
ちは、既習の教材をもう一度読み返し、自分で一つ選択し、その題材についてさ
らに学習を深め、スピーチを作成しました。既習の表現や語彙など、
Fermentationされた知識から、必要なものを取り出し使用しました。スピーチ発

表を聴く生徒たちは、既習の慣れ親しんだ教材が題材のため、スピーチを聴きながら内容や語彙・表現の復習ができました。このスピーチコンテストで、教材をリサイクルし、コミュニケーション英語で学習した内容を英語表現の時間を利用してアウトプットする、科目間の連携を図りました。

振り返りと今後の展望

　授業で行うアウトプット活動を、単元の出口から実際のコミュニケーション活動の入り口として捉え直す発想が、授業における英語の使用機会の増加、そして、授業を実際のコミュニケーションの場面とすることの鍵となると思います。そしてこの発想から生まれた、単元の扱いに軽重をつける「Nagaraメソッド」の取り組みで、狙いとするアウトプット活動にじっくりと時間をかけ、ゆとりを作ることができました。そしてこのゆとりは、生徒が、個々の興味・関心に応じ主体的に学習をすることにもつながりました。

　本校と同じように、教科書の各単元の扱い方を工夫する田名部高校での取り組みは、「Nagara メソッド」で授業を行う我々に、大きな勇気とその方向性への自信を与えてくれます。田名部高校では、GTEC for STUDENTSなどで大きな伸びが見られ、大学進学実績でも大きな成果が上がっているようです。本校でも、こうした田名部高校の成果に負けないよう、英語科全員が一つのチームとして、時代の流れや生徒の現状・ニーズに応える英語力を育成できるよう、「Nagaraメソッド」を、日々進化させたいと思います。

第**9**章

まとめ

Contents

TANABU Model 復習　　206
使わせて定着を図る　〜その他の取り組み〜　　206
実行可能、継続可能　〜授業改善のキーワード〜　　209
そして、共有　　210
高校英語授業改革を進めるために　〜むすび〜　　211

まとめ

金谷 憲

TANABU Model 復習

ここで最後に、もう一度、TANABU Modelのおさらいをしておきましょう。

TANABU Modelとは「コミュニケーション英語」(以下、コミュ英) の教科書のレッスンに重み付けをして、軽く扱うレッスンを設けることによって、長く扱うことのできるレッスンを生み出し、生み出した時間で、理解した英文 (input) を頭に取り込み (intake)、発表活動 (output) へとつなげるというモデルです。頭への取り込み、発表活動が英語の定着に通ずるというのが基にある考え方です。実際こうした取り組みの結果、外部テストの点数も東北一の伸びを見せました。

しかし、このモデルの考え方自体は、特に真新しいものではありません。教科書を道具として使いこなすという考え方は古くからあります。昔から「教科書を教える」のではなく、「教科書で教える」のだと言うではありませんか。大学の教科教育の授業や教育実習のオリエンテーションなどでよく言われることです。

田名部高校の取り組みが一冊の本になるに値する理由は、「ずっと言われ続けてきたにも関わらず、実のところ本格的に試されていなかったこと」を試し、実現したからです。考え方は古くからあっても、実際にチャレンジしてみなければ、現実の授業は変わっていきません。田名部高校はチャレンジしました。そして、現在のところ、この本で報告したようにかなりの効果を上げています。

使わせて定着を図る　〜その他の取り組み〜

生徒に英語を使わせて定着を図る方法はもちろん、TANABU Modelのようにこってり、あっさりだけではありません。

第1章で述べたように、易しめの教科書を採択して、理解にかかる時間を節約するという手だてもあります。最近 (ここ3年ほど)、こうした取り組みを行う高校も出始めています。北海道の北海道函館中部高等学校、北海道旭川北高等学

206

校などがその例です。

　教科書は変えないけれど、いろいろなサポートをすることによって、理解の時間短縮を図る取り組みもなされています。和訳先渡し授業（高知県立高知西高等学校など）の取り組みは、2001年の全国英語教育研究団体連合会で発表されています。和訳を授業冒頭で生徒に配ることによって、すぐにさまざまなタスクに移れるというもので、こうして生徒に英語を使わせるという試みでした。詳しくは金谷他（2004）を参照してください。DVDでも見ることができます。

　アルクのSherpa（Senior High English Reform Project ALC）が発表している、いわゆるSherpaモデル３つもこのタイプのアプローチになります。パラグラフチャートなどで、予習の負担軽減をする、教科書の内容を取捨選択して英語→日本語→英語というTwo-way Translation、教科書本文から文を間引いてコンパクト版（縮約版）を作って縮約版の方で活動を行い、定着を図る縮約モデルなどがそれに当たります。詳細はアルク選書『高校英語授業を変える！ 訳読オンリーから抜け出す３つの授業モデル』（金谷 憲 編著 2011）をご覧ください。これもDVDで実際の様子を見ることができます。

　ちなみに、授業改善のさまざまな試みを理解するためには映像は欠かせません。ぜひ、映像も併せてご覧になり研究されることをお勧めします。

　「山形スピークアウト方式」も、生徒に英語を使わせて定着を図るという同じ考えに基づいたもので、山形県立鶴岡中央高等学校では、学校設定科目を作って、前年度に教えたレッスンを次年度でもう一度使い、発表活動を行わせるという取り組みを行いました。これもアルク選書に入っています（『高校英語教科書を２度使う！ 山形スピークアウト方式』（金谷 憲 編著 2012））。山形県立山形西高等学校では、学校設定科目を作るのではなく、夏休み、冬休みの講習を利用して、学期中に扱ったレッスンを発展、発表する取り組みを行っています。

　またひと味違った発想では、二つの科目を合わせて運用するモデルも試されています。山形県立新庄北高等学校では、2016年度から、高１に対して、コミュ英Ｉと「英語表現（以下、英表）Ｉ」を合科して、一人の教員が受け持つという

試みを始めています。コミュ英で理解した英文を英表でいろいろな形で使うという試みです。コミュ英はコミュ英、英表は英表で別々に扱っていると、どちらでも、時間数が足りずに、発表活動まで至りません。コミュ英の内容を英表で表現することにすると、コミュ英ではinput、intake、英表ではoutputというように生徒がコミュ英の内容に集中できます。また、コミュ英の理解のために必要な文法解説、練習などは英表を使って行うことができます。つまり、コミュ英をメインにして、英表がそのサポートをするという形にするわけです。一人の教師が担当しますので、進度調整などを他の教員と細かく行う必要がありません（193～197ページ参照）。

本原稿執筆時点では、まだ1年が終わったところですので、その成果を議論することはできません。別機会でご報告したいと思っています。

この新庄北高校の取り組みで注目すべきことが合科方式以外にもう一つあります。それは、この学校が、合科方式を成立させるために、TANABU Modelを採用していることです。つまり、合科方式とTANABU Modelのハイブリッド（?）型ということになります。コミュ英、英表を一つとして運用するのでも、授業時数が十分ではありません。そこで、この本で紹介したTANABU Modelの考え方を取り入れ、こってり、あっさりにレッスンを分類して、こってりコースで表現活動までを行うようにデザインしています。

このように、さまざまな工夫は、一つのみを採用して実践することも可能ですが、そのいくつかを混合して、それぞれの学校で、より使いやすいものに変えていくこともできるということです。

新庄北高校では二つのモデルを混合して、成果を上げようとしています。二つに限ったことではありません。例えば、これに和訳先渡しを加味するということも考えられます。

実行可能、継続可能　〜授業改善のキーワード〜

　生徒に英語を使わせて、定着を図る試みが、これまでなされてきました。これからもこうした試みがなされていくでしょう。また、そうでなくてはなりません。大いに期待したいと思います。

　その際、大切なのは、次の二つのキーワードです。一つは、「実行可能性（feasibility）」、もう一つは「持続可能性（sustainability）」です。

　学校における教育は有限のリソース（時間、教師、教材等々）を使ってなされます。当然やれることは無限ではなく、有限です。したがって、有限のリソースを使って実行することができる授業デザイン（モデル）がなくては、いくら「コミュニカティブ」だの「グローバル」だの「Can-Do」だ、「Active Learning」だなどとあおってみても、結局は、「やっているふり」を見せる程度の対応で終わってしまいます。「実行可能性」が大切なのはこうした理由からです。実行可能でない提案は、単なる絵に描いた餅にすぎません。

　そして、もう一つのキーワードは「持続可能性」です。これも「実行可能性」と同等に大切です。一時の頑張り（火事場のばか力？）ではできるものの、長く続かない授業モデルなどは、持続可能性の点から、不適格になります。実際は実行可能性の中に、持続可能性も含まれていると考えても良いかもしれません。新しい授業モデルを実行していると忙しさでくたびれ果てるようなことがあっては長続きしません。

　本書で再三述べてきたように、田名部高校での取り組みは、持続可能な授業モデルを作るということに最重点が置かれています。ハンドアウトや授業方法、評価方法などを議論するときに、田名部高校では常にそれぞれの提案が持続可能かどうかを慎重に考慮して、授業改善を行ってきました。この方向性がTANABU Modelの肝になっているものです。

　ただし、何でも新しいことを立ち上げるときは、それなりの力をプラスしなけ

ればなりません。「立ち上がって、歩き始める」には、「よいしょ」と自分に気合を入れることは必要です。これは仕方がないことです。しかし、立ち上がるにつれて、実行が楽になってゆくようなものでないとうまくいきません。TANABU Modelは持続可能性を追求してゆく中で生まれてきたものです。そして、今後もまた、育っていくものだと思います。

そして、共有

　一つの高校で、実行可能性、持続可能性の高い授業モデルやそれを支えるためのハンドアウト類などが開発されたとき、次に大切なのは、共有です。

　英語の授業は生徒の英語力を向上させるためにあります。このことは、これまでも、これからも変わりはありません。それなのに、「いつまでたっても変わらない」という批判を常に受けるのは、批判する側の誤解もありますが、現場のアイデアが蓄積、共有されていないことにも大きな原因があります。

　田名部高校では、ハンドアウトでもテストでも他の資料でも、他の学校のリクエストがあれば、何でも提供することになっています。もっとも、田名部高校のTANABU Modelも他の学校からの資料の提供などのおかげで開発できたものです。本書で説明したとおり、超こってりコースの最後に行うインタビューテストは、鶴岡中央高校が編み出したものをそっくりそのまま利用しています（もちろん、許可を得た上です）。

　これまで、学校現場からの提案がいくつもなされ、実行もされてきました。しかし、それは十分に共有されたとは言いがたいものでした。提案や実践の成果は「報告書」のような形で、教育委員会などの書棚に眠っているケースが多く、共有することが難しい形になっています。教育委員会なども、プロジェクトが終わってしまうと、その結果の普及、共有化への努力がなされないことの方が多いです。教育委員会なども人手不足で、プロジェクト後のことまで、対処していられない、ということもあるでしょう。しかし、普及、共有をしようという発想を持ってい

れば、最小限のことはできると思います。なるべく多くの先生方の目に触れるメディアへ、提案、結果などを流す、くらいのことはできない相談ではありません。

高校英語授業改革を進めるために　〜むすび〜

　TANABU Modelは、まだ発展途中です。途中の段階で、あえて選書の場をお借りしてこのモデルを紹介するのは、共有のためです。授業モデルは完成されるまで外には出さない、と言っていたら、進歩はありません。企業が新製品を開発するときは、完成するまでライバル会社に情報が漏れないようにするかもしれません。

　しかし、学校教育は違います。新しいモデルを作ったという手柄を競う場ではありません。教師も学校も地域も協力して、生徒たちの英語力を向上させる場です。何か良いアイデアがわいたら同僚と共有し、実践の見込み（実行可能性）が出てきたら、全国の教師仲間と共有し、同時並行でそのアイデアを実現していくべきでしょう。生徒たちの英語力を1ミリでも上げるために。

✴ 参考文献

【第1章・第9章】

金谷 憲・小林美音・告 かおり・賛田 悠・羽山 恵著（2015）『中学英語 いつ卒業？ 中学生の主語把握プロセス』三省堂

アルク教育総合研究所監修・金谷 憲編著（2015）『中学英文法で大学英 語入試は8割解ける！ 高校英語授業の最優先課題』アルク

金谷 憲・高知県高校授業研究プロジェクトチーム著（2004）『高校英語 教育を変える 和訳先渡し授業の試み』三省堂

金谷 憲監修・解説（2004）『高校におけるリーディング指導「和訳先渡し」 での授業展開』ジャパンライム［DVD］

金谷 憲・高山芳樹・臼倉美里・大田悦子著（2011）『高校英語授業を変え る！ 訳読オンリーから抜け出す3つの授業モデル』アルク

金谷 憲監修・解説（2010）『高校 英語授業：訳読からのTake-off ～ 英語 で教えるための工夫』ジャパンライム［DVD］

金谷 憲編著（2012）『高校英語教科書を2度使う！ 山形スピークアウト 方式』アルク

金谷 憲監修（2014）『教科書を2度使う！ 山形スピークアウト ～1度使っ た教科書を次の年にもう1度使って内容理解から表現活動へ～』ジャ パンライム［DVD］

【第2章～第6章】

金谷 憲編著（2012）『高校英語教科書を2度使う！ 山形スピークアウト 方式』アルク

［教材］

『CROWN English Communication Ⅰ』（三省堂）

『CROWN English Communication Ⅱ』（三省堂）

『UNICORN English Communication Ⅰ』（文英堂）

『Perspective English Communication Ⅰ』（第一学習社）

『Power on Communication English Ⅲ』（東京書籍）

『Departure English Expression Ⅰ』（大修館書店）

『Departure English Expression Ⅱ』（大修館書店）

参考文献

［ワークシート一覧］

WS01　Ⓐ Paragraph chart　p73
WS02　Ⓑ Summary sheet　p75
WS03　Ⓒ Comprehension sheet　p78
WS04　Ⓓ Vocabulary scanning sheet　p82
WS05　Ⓔ Reading practice sheet Type A　p83
WS06　Ⓔ Reading practice sheet Type B　p84
WS07　Ⓕ Dictation sheet　p86
WS08　Ⓖ Story reproduction sheet　p87
WS09　How to interview　p91
WS10　Interview evaluation　p92
WS11　Interview scenario　p93
WS12　Interview preparation sheet 表面　p94
WS13　Interview preparation sheet 裏面　p95
WS14　Frequently Made Mistakes & Advice　p97
WS15　Debate preparation sheet 1　p99
WS16　Debate preparation sheet 2　p100
WS17　How to debate　p101
WS18　Debate evaluation　p102
WS19　Debate judging sheet　p103
WS20　Debate進行表　p104
WS21　Ⓐ Paragraph chart　p107
WS22　読解力診断テスト p1　p110
WS23　読解力診断テスト p2　p111
WS24　読解力診断テスト p3　p112
WS25　読解力診断テスト p4　p113
WS26　Ⓐ Listening／Ⓑ Reading practice　p122
WS27　Ⓒ Sentence order　p124
WS28　Ⓓ Reading test　p125
WS29　Ⓔ Discussion p1　p128
WS30　Ⓔ Discussion p2　p129
WS31　Ⓔ Discussion p3　p130
WS32　Ⓔ Discussion p4　p131
WS33　Ⓐ Listening & summary　p134
WS34　Ⓑ Guessing and summary　p135
WS35　Ⓒ Q&A comprehension　p136
WS36　Ecotour in Shimokita Peninsula　p139
WS37　センター試験作題シート　p140
WS38　Ⓓ Presentation sheet　p141

※ワークシートの名称やワークシート内の表記は、基本的に青森県立田名部高等学校で使用されているものをそのまま掲載しています。

執筆者紹介

✳ 編著者

金谷 憲（かなたに けん）
執筆分担 ● 第1章、第9章

東京学芸大学名誉教授。東京大学大学院人文科学研究科修士課程、教育学研究科博士課程および米国スタンフォード大学博士課程を経て（単位取得退学）、32年間、東京学芸大学で教鞭を執る。現在、フリーの英語教育コンサルタントとして、学校、都道府県その他の機関に対してサポートを行っている。専門は英語教育学。研究テーマは、中学生の句把握の経年変化、高校英語授業モデル開発など。全国英語教育学会会長、中教審の外国語専門部会委員などを歴任。1986年より3年間NHK「テレビ英語会話Ⅰ」講師、1994年から2年間NHKラジオ「基礎英語2」監修者。著書に、『英語授業改善のための処方箋』（大修館書店）、『和訳先渡し授業の試み』（三省堂）、『英語教育熱』（研究社）、『教科書だけで大学入試は突破できる』（大修館書店）、『高校英語授業を変える！』（アルク）、『高校英語教科書を2度使う！』（アルク）、『中学英文法で大学英語入試は8割解ける！』（アルク）、『中学英語いつ卒業？ 中学生の主語把握プロセス』（三省堂）など。

✳ 著者

堤 孝（つつみ たかし）
執筆分担 ● 第2～6章

青森県立田名部高等学校教諭。
青森県むつ市出身。獨協大学外国語学部英語学科卒業後、ビル建設に携わった後、青森県内の公立学校で教壇に立つ。青森県立弘前南高等学校を経て、青森県立三沢高等学校在籍中に、米国のセント・マイケルズカレッジ大学院で英語教授法を学び修士号を取得。帰国・復職の後、自身の母校でもある現任校に赴任。休日は相棒であるカナダルーツのオオカミ犬セロンと、全国の湖や川を下っている。

✳ 執筆協力

古賀亜未子（株式会社エスクリプト）
第7章座談会の構成・執筆

アルク選書シリーズ

レッスンごとに教科書の扱いを変える TANABU Model とは
──アウトプットの時間を生み出す高校英語授業──

発行日	2017 年 11 月 13 日（初版） 2022 年 8 月 7 日（第 3 刷）
編著者	金谷 憲
著者	堤 孝
編集	株式会社アルク 文教編集部、古賀亜未子（株式会社エスクリプト）
デザイン	松本君子
DTP	株式会社創樹
撮影	中野 淳
印刷・製本	萩原印刷株式会社
発行者	天野智之
発行所	株式会社アルク 〒 102-0073　東京都千代田区九段北 4-2-6 市ヶ谷ビル Website：https://www.alc.co.jp/

地球人ネットワークを創る

アルクのシンボル
「地球人マーク」です。

©2017 Kanatani Ken / Tsutsumi Takashi / Ban Kazutoshi / Imai Hiroyuki / Ito Momoko / Kasai Michio / Kikuchi
Nozomi / Nakata Yohei / Otokita Masae / Soma Yuina / Takahashi Rie / Takekawa Masaki / Tanaka Arata /
ALC PRESS INC.
Printed in Japan.
PC：7016077
ISBN：978-4-7574-2837-9